M. Tullius Cicero

Reden gegen Verres III

Zweite Rede gegen C. Verres
Zweites Buch

Lateinisch / Deutsch

Übersetzt und herausgegeben
von Gerhard Krüger

Philipp Reclam jun. Stuttgart

RECLAMS UNIVERSAL-BIBLIOTHEK Nr. 4015

Bibliographisch ergänzte Ausgabe 2007
Gesamtherstellung: Reclam, Ditzingen. Printed in Germany 2007

ISBN 978-3-15-004015-7

www.reclam.de

M. Tulli Ciceronis actionis in C. Verrem secundae liber secundus

Zweite Rede des M. Tullius Cicero gegen C. Verres

Zweites Buch

1 (1) Multa mihi necessario, iudices, praetermittenda sunt, ut possim aliquo modo aliquando de his rebus quae meae fidei commissae sunt dicere. Recepi enim causam Siciliae: ea me ad hoc negotium provincia attraxit. Ego tamen hoc onere suscepto et recepta causa Siciliensi amplexus animo sum aliquanto amplius. Suscepi enim causam totius ordinis, suscepi causam rei publicae, quod putabam tum denique recte iudicari posse si non modo reus improbus adduceretur, sed etiam diligens ac firmus accusator ad iudicium veniret. (2) Quo mihi maturius ad Siciliae causam veniendum est relictis ceteris eius furtis atque flagitiis, ut et viribus quam integerrimis agere et ad dicendum temporis satis habere possim.

Atque antequam de incommodis Siciliae dico, pauca mihi videntur esse de provinciae dignitate, vetustate, utilitate dicenda. Nam cum omnium sociorum provinciarumque rationem diligenter habere debetis, tum praecipue Siciliae, iudices, plurimis iustissimisque de causis, primum quod omnium nationum exterarum princeps Sicilia se ad amicitiam fidemque populi Romani adplicavit. Prima omnium, id quod ornamentum imperi est, provincia est appellata; prima docuit maiores nostros quam praeclarum esset exteris gentibus imperare; sola fuit ea fide benivolentiaque erga populum Romanum ut civitates eius insulae, quae semel in amicitiam nostram venissent, numquam postea deficerent, pleraeque autem et maxime inlustres in amicitia perpetuo manerent. (3) Itaque maioribus nostris in Africam ex hac provincia gra-

1 (1) Vieles muß ich notwendigerweise weglassen, ihr Richter[1], um endlich einigermaßen über die Dinge, die meiner Beistandspflicht anvertraut sind, sprechen zu können. Ich habe nämlich die Sache Siziliens übernommen. Diese Provinz hat mich zu dieser Aufgabe bestellt. Ich habe jedoch, indem ich diese Last auf mich nahm und die Sache Siziliens übernahm, mir ein wesentlich höheres Ziel gesetzt. Übernommen habe ich nämlich die Sache unseres ganzen Standes,[2] übernommen die Sache des Staates, weil ich glaubte, erst dann könne ein richtiges Urteil gefällt werden, wenn nicht nur der schamlose Angeklagte vorgeladen werde, sondern auch ein gewissenhafter und zuverlässiger Ankläger vor Gericht auftrete. (2) Desto schneller muß ich also zur Sache Siziliens kommen und seine übrigen Diebstähle und Schandtaten beiseite lassen, um mit möglichst unverbrauchten Kräften die Sache führen zu können und genügend Zeit für mein Plädoyer zu haben.

Doch bevor ich von den Leiden Siziliens rede, muß ich, scheint mir, ein wenig über die Bedeutung, das Alter und den Nutzen dieser Provinz sprechen. Denn wenn ihr auf alle Bundesgenossen und Provinzen sorgfältig Obacht geben müßt, dann besonders auf Sizilien, ihr Richter, und zwar aus sehr vielen und sehr triftigen Gründen. Erstens, weil sich Sizilien von allen auswärtigen Ländern als erstes der Freundschaft und dem Schutz des römischen Volkes anvertraut hat. Als erstes von allen wurde es, was eine Auszeichnung für unser Reich ist, Provinz genannt; als erstes hat es unsere Vorfahren gelehrt, wie ehrenvoll es ist, über auswärtige Völker zu gebieten; als einziges bewies es solche Treue gegen das römische Volk, daß die Staaten dieser Insel, die sich einmal in Freundschaft an uns angeschlossen hatten, später niemals mehr abfielen, die meisten und berühmtesten sogar ständig an ihrer freundschaftlichen Gesinnung festhielten.[3] (3) Daher benutzten unsere Vorfahren diese Provinz als Sprungbrett nach

dus imperi factus est; neque enim tam facile opes Carthaginis tantae concidissent nisi illud et rei frumentariae subsidium et receptaculum classibus nostris pateret. **2** Quare P. Africanus Carthagine deleta Siculorum urbis signis monumentisque pulcherrimis exornavit, ut, quos victoria populi Romani maxime laetari arbitrabatur, apud eos monumenta victoriae plurima conlocaret. (4) Denique ille ipse M. Marcellus, cuius in Sicilia virtutem hostes, misericordiam victi, fidem ceteri Siculi perspexerunt, non solum sociis in eo bello consuluit, verum etiam superatis hostibus temperavit. Urbem pulcherrimam Syracusas, – quae cum manu munitissima esset, tum loci natura terra ac mari clauderetur – cum vi consilioque cepisset, non solum incolumem passus est esse, sed ita reliquit ornatam ut esset idem monumentum victoriae, mansuetudinis, continentiae, cum homines viderent et quid expugnasset et quibus pepercisset et quae reliquisset: tantum ille honorem habendum Siciliae putavit ut ne hostium quidem urbem ex sociorum insula tollendam arbitraretur. (5) Itaque ad omnis res sic illa provincia semper usi sumus ut, quicquid ex sese posset efferre, id non apud eos nasci, sed domi nostrae conditum iam putaremus. Quando illa frumentum quod deberet non ad diem dedit? quando id quod opus esse putaret non ultro pollicita est? quando id quod imperaretur recusavit? Itaque ille M. Cato Sapiens cellam penariam rei publicae nostrae, nutricem plebis Romanae Siciliam nominabat. Nos vero experti sumus Italico maximo difficillimoque bello Siciliam nobis non pro penaria cella, sed pro aerario illo maiorum

Afrika zur Ausdehnung ihrer Herrschaft. Denn die große Macht Karthagos wäre nicht so leicht zusammengebrochen, hätte uns Sizilien nicht als Versorgungsbasis und als Stützpunkt für unsere Flotten zur Verfügung gestanden. **2** Deshalb hat P. Africanus[4] nach der Zerstörung Karthagos die sizilischen Städte mit den schönsten Statuen und Denkmälern geschmückt, um bei denen, die sich, wie er glaubte, am meisten über den Sieg des römischen Volkes freuten, die meisten Siegesdenkmäler aufzustellen. (4) Sodann hat selbst der berühmte M. Marcellus[5], dessen Tüchtigkeit in Sizilien die Feinde, dessen Mitgefühl die Besiegten, dessen redliche Gesinnung die übrigen Sizilier kennenlernten, in jenem Kriege nicht nur für die Bundesgenossen gesorgt, sondern auch die überwundenen Feinde maßvoll behandelt. Die wunderschöne Stadt Syrakus, die teils von Menschenhand stark befestigt, teils durch ihre natürliche Lage von der Land- und Seeseite her geschützt war, ließ er, nachdem er sie mit Gewalt und List eingenommen hatte, nicht allein ungeschoren, sondern beließ sie auch so reichlich mit Schmuck ausgestattet, daß sie zugleich ein Denkmal des Sieges, der Milde und der Mäßigung war, da alle Welt sah, was er erobert und wen er geschont und was er zurückgelassen hatte. So viel Achtung glaubte er Sizilien erweisen zu müssen, daß er nicht einmal eine feindliche Stadt von der Insel der Bundesgenossen tilgen zu dürfen meinte. (5) Daher haben wir die Provinz Sizilien bei allen Dingen immer so in Anspruch genommen, daß wir glaubten, alles, was sie von sich aus hervorbringen könne, das wachse nicht erst dort heran, sondern sei schon bei uns zu Hause gespeichert. Wann hat sie nicht das Getreide, das sie schuldete, auf den Tag genau geliefert? Wann, was sie für nötig hielt, nicht von sich aus versprochen? Wann, was ihr auferlegt wurde, verweigert? Daher hat der berühmte Cato, der Weise,[6] Sizilien die Vorratskammer unseres Staates, die Ernährerin des römischen Volkes genannt. Wir gar haben während des schrecklichen und überaus schwierigen Italischen Krieges[7] die Erfahrung gemacht, daß uns Sizilien nicht nur als Vorratskammer, sondern auch als Ersatz für jene alte

vetere ac referto fuisse; nam sine ullo sumptu nostro, coriis, tunicis, frumentoque suppeditando, maximos exercitus nostros vestivit, aluit, armavit.

3 (6) Quid? illa quae forsitan ne sentiamus quidem, iudices, quanta sunt! quod multis locupletioribus civibus utimur, quod habent propinquam fidelem fructuosamque provinciam, quo facile excurrant, ubi libenter negotium gerant; quos illa partim mercibus suppeditandis cum quaestu compendioque dimittit, partim retinet, ut arare, ut pascere, ut negotiari libeat, ut denique sedes ac domicilium conlocare; quod commodum non mediocre rei publicae est, tantum civium numerum tam prope a domo tam bonis fructuosisque rebus detineri. (7) Et quoniam quasi quaedam praedia populi Romani sunt vectigalia nostra atque provinciae, quem ad modum vos propinquis vestris praediis maxime delectamini, sic populo Romano iucunda suburbanitas est huiusce provinciae. Iam vero hominum ipsorum, iudices, ea patientia virtus frugalitasque est ut proxime ad nostram disciplinam illam veterem, non ad hanc quae nunc increbruit videantur accedere: nihil ceterorum simile Graecorum, nulla desidia, nulla luxuries, contra summus labor in publicis privatisque rebus, summa parsimonia, summa diligentia. Sic porro nostros homines diligunt ut iis solis neque publicanus neque negotiator odio sit. (8) Magistratuum autem nostrorum iniurias ita multorum tulerunt ut numquam ante hoc tempus ad aram legum praesidiumque vestrum publico consilio confugerint, tametsi et illum annum pertulerant qui sic eos adflixerat ut salvi esse non possent, nisi C. Marcellus quasi aliquo fato

und wohlgefüllte Staatskasse unserer Vorfahren[8] gedient hat. Denn ohne irgendwelche Kosten von unserer Seite hat es durch die Lieferung von Leder, Hemden und Getreide unsere großen Heere gekleidet, ernährt und bewaffnet.

3 (6) Ferner: Die Vorteile, die wir vielleicht nicht einmal bemerken, ihr Richter, wie bedeutend sind sie! Viele recht wohlhabende Mitbürger haben wir deshalb, weil sich eine treue und ertragreiche Provinz in der Nähe befindet, wohin sie leicht reisen können, wo sie gern Geschäfte machen. Diese nun beliefert einen Teil dieser Leute mit Waren und läßt ihn mit Gewinn und Vorteil wieder fort, den andern Teil aber hält sie fest; dieser treibt nach Belieben Ackerbau oder Viehzucht oder Handel und legt sogar seinen Wohnsitz dorthin. Das ist kein geringer Vorteil für den Staat, daß eine so große Zahl von Bürgern so nahe der Heimat in so guten und einträglichen Geschäften tätig sein kann. (7) Unsere Steuergebiete und Provinzen sind gewissermaßen die Landgüter des römischen Volkes, und wie ihr euch am meisten über eure nahegelegenen Landgüter freut, so ist dem römischen Volk bei dieser Provinz die Lage in der Nähe der Hauptstadt angenehm. Und dann die Menschen selbst, ihr Richter: Sie sind von einer solchen Ausdauer, Tüchtigkeit und Genügsamkeit, daß sie offenbar unseren berühmten Grundsätzen von früher, nicht denen, die sich jetzt verbreitet haben, sehr nahekommen. Nichts ist wie bei den übrigen Griechen: kein Müßiggang, keine Verschwendungssucht, im Gegenteil, die größte Anstrengung in den öffentlichen und privaten Angelegenheiten, die größte Sparsamkeit, die größte Gewissenhaftigkeit. Ferner schätzen sie unsere Leute so sehr, daß sie die einzigen sind, bei denen weder ein Steuerpächter noch ein Geschäftsmann Haßgefühle weckt. (8) Doch die Übergriffe vieler unserer Beamten haben sie so ertragen, daß sie bisher noch nie im öffentlichen Interesse zum Altar der Gesetze[9] und zu eurer Hilfe ihre Zuflucht genommen haben; und dabei hatten sie auch jenes Jahr ertragen,[10] das sie so zu Boden geworfen hatte, daß sie sich nicht hätten erholen können, wenn nicht C. Marcellus[11] wie durch eine Schicksalsfügung erschienen wäre

venisset, ut bis ex eadem familia salus Siciliae constitueretur, et post M. Antoni infinitum illud imperium senserant. Sic a maioribus suis acceperant, tanta populi Romani in Siculos esse beneficia ut etiam iniurias nostrorum hominum perferendas putarent. (9) In neminem civitates ante hunc testimonium publice dixerunt; hunc denique ipsum pertulissent, si humano modo, si usitato more, si denique uno aliquo in genere peccasset. Sed cum perferre non possent luxuriem, crudelitatem, avaritiam, superbiam, cum omnia sua commoda, iura, beneficia senatus populique Romani unius scelere ac libidine perdidissent, hoc statuerunt, aut illius iniurias per vos ulcisci ac persequi, aut, si vobis indigni essent visi quibus opem auxiliumque ferretis, urbis ac sedes suas relinquere, quandoquidem agros iam ante istius iniuriis exagitati reliquissent. 4 (10) Hoc consilio ab L. Metello legationes universae petiverunt ut quam primum isti succederet, hoc animo totiens apud patronos de suis miseriis deplorarunt, hoc commoti dolore postulata consulibus, quae non postulata sed in istum crimina viderentur esse, ediderunt. Fecerunt etiam ut me, cuius fidem continentiamque cognorant, prope de vitae meae statu dolore ac lacrimis suis deducerent ut ego istum accusarem, a quo mea longissime ratio voluntasque abhorrebat; quamquam in hac causa multo pluris partis mihi defensionis quam accusationis suscepisse videor. Postremo ex tota provincia homines nobilissimi primique publice privatimque

(zweimal[12] also wurde von derselben Familie das Wohl Siziliens begründet); dabei hatten sie danach noch die uneingeschränkte Befehlsgewalt des M. Antonius[13] zu spüren bekommen. So hatten sie es sich von ihren Vorfahren her eingeprägt, die Wohltaten des römischen Volkes gegen die Sizilier seien so groß, daß sie meinten, auch die Übergriffe unserer Leute ertragen zu müssen. (9) Bis auf Verres haben die Staaten gegen niemand öffentlich Zeugnis abgelegt. Selbst mit diesem Menschen hätten sie sich schließlich abgefunden, wenn er seine Verfehlungen auf menschliche Weise, nach üblichem Brauch, kurz, wenn er sie nur auf *eine* Art begangen hätte. Aber sie fühlten sich nicht imstande, seine Genußsucht, Grausamkeit, Habgier *und* Überheblichkeit zu ertragen; sie hatten alle ihre Vorteile, Rechte und Wohltaten des Senates und des römischen Volkes durch die Ruchlosigkeit und die Willkür *eines* Mannes verloren; deshalb beschlossen sie, entweder seine Übergriffe durch euch bestrafen und verfolgen zu lassen, oder, wenn ihr der Ansicht wäret, sie verdienten eure Unterstützung und Hilfeleistung nicht, ihre Städte und Wohnsitze zu verlassen, da sie ja schon vorher, durch die ungerechten Machenschaften des Verres dazu getrieben, ihre Felder verlassen hätten.[14] **4** (10) Aus diesem Grund haben Gesandtschaften aus allen Gemeinden L. Metellus gebeten, so schnell wie möglich die Nachfolge des Verres anzutreten; in dieser Absicht haben sie sich oft bei ihren Schutzherren[15] über ihr Elend beklagt und aus Erbitterung hierüber den Konsuln ihre Forderungen vorgelegt, die nicht als Forderungen, sondern als Anklagen gegen Verres erscheinen sollten.[16] Sie haben es auch geschafft, daß ich, dessen Pflichttreue und Uneigennützigkeit sie kannten, mich durch ihren Schmerz und ihre Tränen nahezu von meiner Lebenseinstellung abbringen ließ, daß ich als Ankläger gegen diesen Mann auftrat, eine Rolle, die von meinen Grundsätzen und Absichten gänzlich abwich. Indes, ich glaube, daß ich in dieser Sache weit mehr die Rolle des Verteidigers als des Anklägers übernommen habe.[17] Schließlich sind aus der ganzen Provinz die vornehmsten und angesehensten Männer in

venerunt, gravissima atque amplissima quaeque civitas vehementissime suas iniurias persecuta est.
(11) At quem ad modum, iudices, venerunt? Videor enim mihi iam liberius apud vos pro Siculis loqui debere quam forsitan ipsi velint: saluti potius eorum consulam quam voluntati. Ecquem existimatis umquam ulla in provincia reum absentem contra inquisitionem accusatoris tantis opibus, tanta cupiditate esse defensum? Quaestores utriusque provinciae qui isto praetore fuerant cum fascibus mihi praesto fuerunt: (12) his porro qui successerunt, vehementer istius cupidi, liberaliter ex istius cibariis tractati, non minus acres contra me fuerunt. Videte quid potuerit qui quattuor in una provincia quaestores studiosissimos defensores propugnatoresque habuerit, praetorem vero cohortemque totam sic studiosam ut facile appareret non tam illis Siciliam, quam inanem offenderant, quam Verrem ipsum, qui plenus decesserat, provinciam fuisse. Minari Siculis si decrevissent legationes quae contra istum dicerent, minari si qui essent profecti, aliis si laudarent benignissime promittere, gravissimos privatarum rerum testis, quibus nos praesentibus denuntiavimus, eos vi custodiisque retinere.
5 (13) Quae cum omnia facta sint, tamen unam solam scitote esse civitatem Mamertinam quae publice legatos, qui istum laudarent, miserit. Eius autem legationis principem, civitatis nobilissimum civem, C. Heium, iuratum dicere audistis isti navem onerariam maximam Messanae esse publice coactis

amtlichem Auftrag und in eigenem Namen erschienen; je bedeutender und angesehener eine Gemeinde ist, desto nachdrücklicher hat sie das ihr angetane Unrecht geltend gemacht.

(11) Doch unter welchen Umständen, ihr Richter, sind sie erschienen? Denn ich glaube, ich muß vor euch jetzt freimütiger für die Sizilier sprechen, als sie selbst es vielleicht wünschen. Denn ich will lieber auf ihr Wohl bedacht sein als auf ihre Wünsche. Glaubt ihr etwa, ein abwesender Angeklagter sei jemals in irgendeiner Provinz gegen die Untersuchung des Anklägers mit solchen Mitteln, mit solch leidenschaftlichem Bemühen geschützt worden? Die Quästoren beider Amtsbereiche,[18] die unter ihm als Prätor tätig gewesen waren, traten mir mit ihren Rutenbündeln in den Weg.[19] (12) Ihre Nachfolger gar, dem Verres leidenschaftlich ergeben (hatte er sie doch aus seinen Lebensmittelvorräten großzügig versorgt), waren nicht weniger scharf gegen mich. Erseht hieraus, was der Mann vermochte, der in einer Provinz vier Quästoren als eifrigste Verteidiger und Beschützer hatte und dazu einen Prätor[20] und dessen ganzes Gefolge, die ihm so ergeben waren, daß man leicht erkennen konnte, daß für sie nicht so sehr Sizilien, das sie leer angetroffen hatten, wie Verres selbst, der vollbeladen abgereist war, der Tätigkeitsbereich gewesen ist. Man drohte den Siziliern, falls sie Gesandtschaften beschlössen, die gegen Verres aussagen sollten, man drohte ihnen, falls irgendwelche Leute abgereist seien, anderen machte man die großzügigsten Versprechungen, falls sie ihn belobigten; die gewichtigsten Zeugen für die Beschwerden einzelner Personen, die ich zum Erscheinen vorgeladen hatte, hielt man mit Gewalt und Haft zurück.[21]

5 (13) Doch wisset: obwohl dies alles geschehen ist, war es einzig und allein die Stadt der Mamertiner,[22] die in amtlichem Auftrag Gesandte geschickt hat, die ihm ihr Lob aussprechen sollten. Ihr habt indes den Führer dieser Gesandtschaft, den angesehensten Bürger der Stadt, C. Heius, unter Eid aussagen hören, man habe für Verres in Messana mit auf Staatskosten eingesetzten Arbeitskräften ein sehr großes Lastschiff

operis aedificatam; idemque Mamertinorum legatus, istius laudator, non solum istum bona sua, verum etiam sacra deosque penatis a maioribus traditos ex aedibus suis eripuisse dixit. Praeclara laudatio, cum duabus in rebus legatorum una opera consumitur, in laudando atque repetendo! Atque ea ipsa civitas qua ratione isti amica sit, dicetur certo loco; reperietis enim, quae causae benivolentiae Mamertinis erga istum sint, eas ipsas causas satis iustas esse damnationis. Alia civitas nulla, iudices, publico consilio laudat. (14) is illa summi imperi tantum potuit apud perpaucos homines, non civitates, ut aut levissimi quidam ex miserrimis desertissimisque oppidis invenirentur qui iniussu populi ac senatus proficiscerentur, aut ii qui contra istum legati decreti erant, et testimonium publicum mandataque acceperant, vi ac metu retinerentur. Quod ego in paucis tamen usu venisse non moleste tuli, quo reliquae tot et tantae et tam graves civitates, tota denique Sicilia plus auctoritatis apud vos haberet, cum videretis nulla vi retineri, nullo periculo prohiberi potuisse quo minus experirentur ecquid apud vos querimoniae valerent antiquissimorum fidelissimorumque sociorum. (15) Nam quod fortasse non nemo vestrum audierit, istum a Syracusanis publice laudari, id tametsi priore actione ex Heraclii Syracusani testimonio cuius modi esset cognovistis, tamen vobis alio loco ut se tota res habeat, quod ad eam civitatem attineat, demonstra-

gebaut. Und eben dieser Gesandte der Mamertiner, sein Lobredner, hat erklärt, Verres habe ihm nicht nur sein Hab und Gut, sondern auch die von den Vorfahren überkommenen heiligen Gegenstände und Hausgötter aus seinem Hause entwendet. Ein herrliches Lob, wenn die Bemühung der Gesandten sich gleichzeitig auf zwei Dinge richtet, aufs Loben und Zurückfordern. Und auch das, weshalb gerade diese Stadt mit Verres befreundet ist, soll an bestimmter Stelle gesagt werden. Ihr werdet nämlich finden, daß genau die Gründe, die der Anlaß für das Wohlwollen der Mamertiner gegen Verres sind, seine Verurteilung genügend rechtfertigen. Kein anderer Staat, ihr Richter, belobigt ihn auf öffentlichen Beschluß. (14) Die Wirkung seiner obersten Befehlsgewalt hat nur bei sehr wenigen Einzelpersonen, nicht bei Gemeinden so viel vermocht, daß sich entweder einige ganz unbedeutende Leute aus den ärmlichsten und ödesten Städten fanden, die sich ohne Anweisung des Volkes und des Gemeinderates auf die Reise begaben,[23] oder daß diejenigen, die zu Gesandten gegen Verres bestimmt und die Abgabe einer amtlichen Erklärung und sonstige Weisungen übernommen hatten, sich durch Gewalt und Angst zurückhalten ließen. Daß dies immerhin in einigen Fällen tatsächlich vorgekommen ist, habe ich nicht ungern gesehen; denn dadurch werden die übrigen, so zahlreichen, so großen und so gewichtigen Staaten, kurz ganz Sizilien desto mehr Gewicht bei euch haben, wenn ihr seht, daß sie sich durch keine Gewalt zurückhalten, durch keine Gefahr sich hindern ließen auszuprobieren, ob bei euch die Klagen der ältesten und treuesten Bundesgenossen noch etwas gelten. (15) Denn wenn vielleicht auch mancher von euch gehört hat, Verres werde von den Syrakusanern öffentlich belobigt, so habt ihr zwar schon in der ersten Verhandlung aus der Zeugenaussage des Syrakusaners Heraclius erfahren, was davon zu halten ist, dennoch werde ich euch an anderer Stelle aufzeigen, wie sich die ganze Sache verhält, soweit sie diese Gemeinde angeht.[24] Ihr werdet dann nämlich erkennen, daß niemand in der Welt so sehr

bitur. Intellegetis enim nullis hominibus quemquam tanto odio quanto istum Syracusanis et esse et fuisse.

6 At enim istum Siculi soli persequuntur: cives Romani qui negotiantur in Sicilia defendunt, diligunt, salvum esse cupiunt. Primum, si ita esset, tamen vos in hac quaestione de pecuniis repetundis, quae sociorum causa constituta est lege iudicioque sociali, sociorum querimonias audire oporteret. (16) Sed intellegere potuistis priore actione civis Romanos honestissimos ex Sicilia plurimos maximis de rebus, et quas ipsi accepissent iniurias et quas scirent esse aliis factas, pro testimonio dicere. Ego hoc quod intellego, iudices, sic confirmo. Videor mihi gratum fecisse Siculis quod eorum iniurias meo labore, inimicitiis, periculo sim persecutus: non minus hoc gratum me nostris civibus intellego fecisse, qui hoc existimant, iuris libertatis rerum fortunarumque suarum salutem in istius damnatione consistere. (17) Quapropter de istius praetura Siciliensi non recuso quin ita me audiatis ut, si cuiquam generi hominum sive Siculorum sive nostrorum civium, si cuiquam ordini sive aratorum sive pecuariorum sive mercatorum probatus sit, si non horum omnium communis hostis praedoque fuerit, si cuiquam denique in re umquam ulla temperarit, ut vos quoque ei temperetis.

Qui simul atque ei sorte provincia Sicilia obvenit, statim Romae, ab urbe antequam proficisceretur, quaerere ipse secum et agitare cum suis coepit quibusnam rebus in ea provincia maximam uno anno pecuniam facere posset. Nolebat in agendo discere, – tametsi non provinciae rudis erat et tiro:

verhaßt gewesen ist, wie er bei den Syrakusanern war und noch ist.

6 Aber ihn verfolgen ja allein die Sizilier; die römischen Bürger dagegen, die in Sizilien Handel treiben, verteidigen ihn, schätzen ihn und wünschen, daß er heil davonkommt. Zunächst, selbst wenn dem so wäre, so müßtet ihr in dieser Untersuchung über Erpressungen, die wegen der Bundesgenossen in einem die Bundesgenossen betreffenden Gesetz und Verfahren eingeführt ist, die Beschwerden der Bundesgenossen anhören. (16) Indessen, ihr konntet in der ersten Verhandlung feststellen, daß hochangesehene römische Bürger aus Sizilien in sehr großer Zahl als Zeugen über die schwersten Vorfälle ausgesagt haben, über die Ungerechtigkeiten, die sie teils selbst erlitten hatten, teils anderen angetan wußten. Ich möchte das, was mir völlig klar ist, so bekräftigen, ihr Richter: ich glaube, ich habe den Siziliern einen Gefallen erwiesen, wenn ich unter Mühen, Anfeindungen und Gefahren für mich das ihnen zugefügte Unrecht verfolgt habe. Und ich bin mir auch sicher, daß ich unseren Mitbürgern keinen geringeren Gefallen damit erwiesen habe; glauben sie doch, daß die Bewahrung ihres Rechtes, ihrer Freiheit, ihrer Habe und ihres Vermögens von der Verurteilung des Verres abhängig sei. (17) Deshalb habe ich nichts dagegen, wenn ihr euch meinen Bericht über seine sizilische Prätur unter folgendem Gesichtspunkt anhört: wenn er bei irgendeiner Gruppe von Menschen, seien es Sizilier oder Mitbürger von uns, wenn er bei irgendeinem Stande, seien es Landwirte oder Viehzüchter oder Kaufleute, Beifall gefunden hat, wenn er nicht ihrer aller gemeinsamer Feind und Räuber gewesen ist, kurz, wenn er irgend jemanden bei irgendeiner Gelegenheit jemals geschont hat, dann sollt auch ihr ihn schonen!

Sobald ihm durch das Los die Provinz Sizilien zugefallen war, begann er sogleich in Rom, noch bevor er von der Stadt abreiste, bei sich selbst zu überlegen und mit seinen Leuten zu besprechen, auf welche Weise er in dieser Provinz in einem Jahre[25] möglichst viel Geld machen könne. Er wollte nicht erst während seiner Tätigkeit lernen, obwohl er in der Ver-

[sed Siciliae] paratus ad praedam meditatusque venire cupiebat. (18) O praeclare coniectum a vulgo in illam provinciam omen communis famae atque sermonis, cum ex nomine istius quid iste in provincia facturus esset perridicule homines augurabantur! Etenim quis dubitare posset, cum istius in quaestura fugam et furtum recognosceret, cum in legatione oppidorum fanorumque spoliationes cogitaret, cum videret in foro latrocinia praeturae, qualis iste in quarto actu improbitatis futurus esset? 7 Atque ut intellegatis eum Romae quaesisse non modo genera furandi, sed etiam nomina certissimum accipite argumentum quo facilius de singulari eius impudentia existimare possitis.

(19) Quo die Siciliam attigit – videte satisne paratus ex illo omine urbano ad everrendam provinciam venerit, – statim Messana litteras Halaesam mittit (quas ego istum in Italia conscripsisse arbitror; nam simul atque e navi egressus est dedit), Halaesinus ad se Dio continuo veniret; se de hereditate velle cognoscere quae eius filio a propinquo homine, Apollodoro Laphirone, venisset. (20) Ea erat, iudices, pergrandis pecunia. Hic est Dio, iudices, nunc beneficio Q. Metelli civis Romanus factus; de quo multis viris primariis testibus multorumque tabulis vobis priore actione satis factum est, HS deciens numerata esse ut eam causam, in qua ne tenuissima quidem dubitatio posset esse, isto cognoscente obtineret; praeterea greges nobilissimarum equarum abactos, argenti vestisque stragulae domi quod fuerit esse direptum; ita HS

waltung einer Provinz nicht unerfahren und kein Anfänger war, sondern er wünschte wohlvorbereitet und innerlich gewappnet auf seine Beute loszugehen. (18) Wie trefflich hat das Volk in seinem allgemeinen Gerede und Gespräch das Vorzeichen für diese Provinz gedeutet. Denn aus seinem Namen[26] weissagten die Leute in sehr witziger Weise, was Verres in der Provinz anrichten werde. Denn wer konnte zweifeln – wenn er sich seine Flucht und Dieberei während seiner Quästur ins Gedächtnis zurückrief,[27] wenn er an die Plünderungen von Städten und Heiligtümern während seines Legatenamtes dachte,[28] wenn er auf dem Forum die Raubzüge seiner Prätur sah[29] –, wie Verres sich im vierten Akt[30] seiner Schamlosigkeit aufführen werde? 7 Und damit ihr erkennt, daß er sich in Rom nicht nur nach den Mitteln und Wegen des Stehlens, sondern auch nach ganz bestimmten Namen[31] erkundigt hat, vernehmt einen ganz verläßlichen Beweis, damit ihr euch um so leichter eine Meinung über seine beispiellose Unverschämtheit bilden könnt.

(19) An dem Tage, da er den Boden Siziliens betrat (seht, ob er entsprechend dem in Rom gedeuteten Vorzeichen genügend vorbereitet zum Auskehren der Provinz gekommen ist), schickte er sofort von Messana ein Schreiben nach Halaesa[32] (das hat er, möchte ich glauben, noch in Italien verfaßt; denn sobald er das Schiff verlassen hatte, gab er es auf): der Halaesiner Dio möge sofort zu ihm kommen; er wolle eine Untersuchung wegen der Erbschaft anstellen, die seinem Sohne von einem Verwandten namens Apollodoros Laphiron zugefallen sei. (20) Es handelte sich dabei, ihr Richter, um eine sehr große Geldsumme. Dieser Dio, ihr Richter, ist jetzt durch die Fürsprache des Q. Metellus[33] römischer Bürger geworden. Durch die Zeugenaussagen vieler angesehener Männer und durch die Rechnungsbücher vieler Bürger ist euch in der ersten Verhandlung zur Genüge nachgewiesen worden, daß Dio eine Million Sesterzen gezahlt hat, um durch das Urteil des Verres in einer Sache recht zu behalten, in der es auch nicht den geringsten Zweifel geben konnte; außerdem seien ihm Herden edelster Stuten abgenommen und alles, was an

deciens Q. Dionem, quod hereditas ei venisset, nullam aliam ob causam perdidisse. (21) Quid? haec hereditas quo praetore Dionis filio venerat? Eodem quo Anniae, P. Anni senatoris filiae, eodem quo M. Liguri senatori, C. Sacerdote praetore. Quid? tum nemo molestus Dioni fuerat? Non plus quam Liguri Sacerdote praetore. Quid? tum ad Verrem quis detulit? Nemo; nisi forte existimatis ei quadruplatores ad fretum praesto fuisse. **8** Ad urbem cum esset, audivit Dioni cuidam Siculo permagnam venisse hereditatem; heredem statuas iussum esse in foro ponere; nisi posuisset, Veneri Erycinae esse multatum. Tametsi positae essent ex testamento, tamen putabat, quoniam Veneris nomen esset, causam calumniae se reperturum. (22) Itaque adponit qui petat Veneri Erycinae illam hereditatem. Non enim quaestor petit, ut est consuetudo, is qui Erycum montem obtinebat: petit Naevius Turpio quidam, istius excursor et emissarius, homo omnium ex illo conventu quadruplatorum deterrimus, C. Sacerdote praetore condemnatus iniuriarum; etenim erat eius modi causa ut ipse praetor, cum quaereret calumniatorem, paulo tamen consideratiorem reperire non posset. Per hunc hominem Veneri absolvit, sibi condemnat. Maluit videlicet homines peccare quam deos: se potius a Dione quod non licebat, quam Venerem quod non debebatur auferre.

(23) Quid ego hic nunc Sex. Pompei Chlori testimonium

Silber und Teppichen in seinem Hause gewesen sei, weggenommen worden; so habe Q. Dio, nur weil ihm eine Erbschaft zugefallen sei, und aus keinem anderen Grunde, eine Million Sesterzen verloren. (21) Wie? Unter welchem Prätor war denn diese Erbschaft dem Sohne Dios zugefallen? Unter demselben, wie der Annia, der Tochter des Senators P. Annius[34], unter demselben, wie dem Senator M. Ligus[35], unter dem Prätor C. Sacerdos[36]. Wie? Hatte damals niemand dem Dio Steine in den Weg gelegt? Ebensowenig wie dem Ligus, solange Sacerdos Prätor war. Wie? Wer hat damals bei Verres Anzeige erstattet? Niemand; es müßte denn sein, ihr glaubt, gewerbsmäßige Denunzianten seien schon an der Meerenge[37] bei ihm erschienen. **8** Als er noch in der Nähe der Hauptstadt war, hörte er, einem gewissen Dio, einem Sizilier, sei eine sehr große Erbschaft zugefallen; dem Erben sei auferlegt worden, Statuen auf dem Marktplatz aufzustellen; wenn er sie nicht aufstelle, dann sei er zugunsten der erycinischen Venus mit einer Geldstrafe zu belegen.[38] Zwar waren die Statuen aufgestellt worden, wie das Testament es bestimmte; trotzdem glaubte Verres, er werde, da ja der Name der Venus darinstand, einen Grund zur Schikane finden. (22) Daher bestellt er jemanden, der die Erbschaft für die erycinische Venus fordern soll. Denn nicht der Quästor stellt, wie es üblich ist, die Forderung, und zwar der, der für den Berg Eryx zuständig war; nein, es stellt sie ein gewisser Naevius Turpio, ein Auskundschafter und Spitzel des Verres, der schlimmste von allen Denunzianten aus dem Bezirk, der unter dem Prätor Sacerdos wegen rechtswidriger Handlungen verurteilt worden war. Die Sache war nämlich von der Art, daß selbst der Prätor, da er einen Rechtsverdreher suchte, gleichwohl keinen finden konnte, der ein wenig besonnener war. Mit Hilfe dieses Mannes spricht er Dio gegenüber der Venus frei und verurteilt ihn zu seinen Gunsten.[39] Natürlich, er wollte lieber, daß Menschen fehlen als Götter, wollte lieber selbst Dio abnehmen, was ihm nicht zukam, als die Venus nehmen lassen, was ihr nicht zustand.
(23) Warum soll ich jetzt hier die Zeugenaussage des Sex.

recitem, qui causam Dionis egit, qui omnibus rebus interfuit, hominis honestissimi, tametsi civis Romanus virtutis causa iam diu est, tamen omnium Siculorum primi ac nobilissimi? quid ipsius Q. Caecili Dionis, hominis probatissimi ac pudentissimi? quid L. Caecili, L. Liguris, T. Manili, L. Caleni? quorum omnium testimoniis de hac Dionis pecunia confirmatum est. Dixit hoc idem M. Lucullus, se de his Dionis incommodis pro hospitio quod sibi cum eo esset iam ante cognosse. (24) Quid? Lucullus, qui tum in Macedonia fuit, melius haec cognovit quam tu, Hortensi, qui Romae fuisti, ad quem Dio confugit, qui de Dionis iniuriis gravissime per litteras cum Verre questus es? Nova tibi haec sunt? inopinata? nunc primum hoc aures tuae crimen accipiunt? nihil ex Dione, nihil ex socru tua, femina primaria, Servilia, vetere Dionis hospita, audisti? Nonne multa mei testes quae tu scis nesciunt? nonne te mihi testem in hoc crimine eripuit non istius innocentia, sed legis exceptio? Recita. TESTIMONIA LUCULLI, CHLORI, DIONIS. 9 Satisne vobis magnam pecuniam Venerius homo, qui e Chelidonis sinu in provinciam profectus esset, Veneris nomine quaesisse videtur?

(25) Accipite aliam in minore pecunia non minus impudentem calumniam. Sosippus et Philocrates fratres sunt Agyrinenses. Horum pater abhinc duo et xx annos est mortuus; in cuius testamento, quodam loco si commissum quid esset, multa erat Veneri. Ipso vicensimo anno, cum tot interea praetores, tot quaestores, tot calumniatores in provincia fuissent, hereditas ab his Veneris nomine petita est. Causam Verres

Pompeius Chlorus vorlesen? Er hat die Sache des Dio vertreten, er war bei allen Vorgängen dabei, ein hochangesehener Mann, der, wenn auch wegen seiner Verdienste schon lange römischer Bürger, doch auch der erste und vornehmste aller Sizilier ist. Warum die des Q. Caecilius Dio selbst, eines sehr bewährten und hochanständigen Mannes? Warum die des L. Caecilius[40], des L. Ligus, des T. Manilius, des L. Calenus? Sie alle haben durch ihre Zeugenaussagen die Vorgänge um das Geld des Dio bestätigt. Dasselbe hat auch M. Lucullus[41] ausgesagt: er habe schon vorher von diesen Unannehmlichkeiten des Dio erfahren, da ihn mit diesem ein gastfreundschaftliches Verhältnis verbinde. (24) Ferner: Lucullus, der sich damals in Makedonien befand, wußte hierüber besser Bescheid als du, Hortensius, der du in Rom warst, an den sich Dio um Hilfe wandte, der du dich über das dem Dio angetane Unrecht brieflich bei Verres aufs heftigste beschwert hast? Dir sind diese Dinge neu, unerwartet? Erst jetzt vernehmen deine Ohren diesen Vorwurf? Nichts hast du von Dio, nichts von deiner Schwiegermutter Servilia, dieser vortrefflichen Frau, der alten Gastfreundin des Dio gehört? Gibt es nicht vieles, was du weißt, aber meine Zeugen nicht wissen? Ist es nicht so, daß dich mir als Zeugen bei diesem Anklagepunkt nicht die Unschuld des Verres, sondern nur die Ausnahmebestimmung des Gesetzes entrissen hat?[42] Lies vor. – (Die Zeugenaussagen des Lucullus, des Chlorus, des Dio.) – **9** Erscheint euch die Geldsumme groß genug, die dieser Venusdiener, der aus den Armen der Chelidon in die Provinz gereist war, sich im Namen der Venus verschafft hat?

(25) Vernehmt jetzt eine andere, wegen eines weniger großen Geldbetrages nicht minder unverschämte Rechtsverdrehung. Sosippos und Philokrates sind Brüder aus Agyrion[43]. Deren Vater starb vor jetzt zweiundzwanzig Jahren. In seinem Testament war für den Fall, daß in einem bestimmten Punkte ein Verstoß gegen dieses begangen werde, eine Geldstrafe zugunsten der Venus vorgesehen. Erst zwanzig Jahre später, nachdem es inzwischen so viele Prätoren, so viele Quästoren, so viele Rechtsverdreher in der Provinz gegeben hatte, for-

cognoscit, pecuniam per Volcatium accipit, fere ad HS cccc milia, a duobus fratribus. Multorum testimonia audistis antea. Vicerunt Agyrinenses fratres ita ut egentes inanesque discederent.

10 (26) At enim ad Verrem pecunia ista non pervenit. Quae ista defensio est? utrum adseveratur in hoc an temptatur? mihi enim res nova est. Verres calumniatorem adponebat, Verres adesse iubebat, Verres cognoscebat, Verres iudicabat; pecuniae maximae dabantur; qui dabant causas obtinebant. Tu mihi ita defendas, 'Non est ista Verri numerata pecunia?' Adiuvo te; mei quoque testes idem dicunt; Volcatio dicunt sese dedisse. Quae vis erat in Volcatio tanta ut HS cccc milia duobus hominibus auferret? Ecquis Volcatio, si sua sponte venisset, unam libellam dedisset? Veniat nunc, experiatur: tecto recipiet nemo. At ego amplius dico: HS quadringentiens cepisse te arguo contra leges; nego tibi ipsi ullum nummum esse numeratum; sed cum ob tua decreta, ob edicta, ob imperia, ob iudicia pecuniae dabantur, non erat quaerendum cuius manu numerarentur, sed cuius iniuria cogerentur. (27) Comites illi tui delecti manus erant tuae; praefecti, scribae, accensi, medici, haruspices, praecones manus erant tuae; ut quisque te maxime cognatione adfinitate necessitudine aliqua attingebat, ita maxime manus tua putabatur; cohors tota illa, quae plus mali Siciliae dedit quam si centum cohortes fugitivorum fuissent, tua manus sine controversia fuit. Quic-

derte man von diesen beiden die Erbschaft im Namen der Venus. Die Untersuchung führt Verres, das Geld empfängt er von den beiden Brüdern durch Volcatius, ungefähr 400 000 Sesterzen. Ihr habt schon früher viele Zeugenaussagen darüber gehört. Die Brüder aus Agyrion siegten, aber so, daß sie arm und ausgeplündert abzogen.

10 (26) »Aber zu Verres ist dies Geld ja gar nicht gelangt.« Was ist das für eine Verteidigung? Besteht man ernsthaft darauf, oder ist das nur ein Versuchsballon? Für mich nämlich ist der Einwand neu. Verres bestellte die falschen Ankläger, Verres befahl den Angeklagten zu erscheinen, Verres führte die Untersuchung, Verres sprach das Urteil; sehr große Geldsummen wurden gezahlt; diejenigen, die zahlten, bekamen recht. Du willst mir entgegenhalten: »Dieses Geld ist nicht an Verres gezahlt worden?« Ich helfe dir; auch meine Zeugen sagen dasselbe; sie erklären, sie hätten das Geld dem Volcatius gegeben. Welche große Macht besaß denn Volcatius, daß er zwei Männern 400 000 Sesterzen abnehmen konnte? Hätte wohl jemand dem Volcatius, wenn er auf eigene Faust aufgetreten wäre, auch nur einen Pfennig gegeben? Er mag jetzt kommen, er mag es ausprobieren: niemand wird ihn auch nur in sein Haus aufnehmen. Aber ich gehe in meiner Behauptung noch weiter: ich beschuldige dich, vierzig Millionen Sesterzen gesetzwidrig angenommen zu haben; ich behaupte nicht, daß dir selbst auch nur ein Heller ausgezahlt worden ist; aber da wegen deiner Entscheidungen, deiner Erlasse, deiner Anweisungen, deiner Urteilssprüche die Gelder gezahlt wurden, braucht man nicht zu fragen, in wessen Hand sie gezahlt, sondern durch wessen Unrecht sie erpreßt wurden. (27) Deine ausgewählten Gefolgsleute waren deine Hände; die Präfekten, Schreiber, Amtsdiener, die Ärzte, Opferschauer und Ausrufer[44] waren deine Hände. Je enger dir jemand durch Verwandtschaft, durch Verschwägerung, durch irgendeine Beziehung verbunden war, desto mehr galt er als deine Hand. Deine ganze Kohorte, die Sizilien mehr Unheil zugefügt hat, als wenn es hundert Kohorten entlaufener Sklaven gewesen wären, sie war unbestreitbar deine

quid ab horum quopiam captum est, id non modo tibi datum, sed tua manu numeratum iudicari necesse est. Nam si hanc defensionem probabitis, 'Non accepit ipse,' licet omnia de pecuniis repetundis iudicia tollatis. Nemo umquam reus tam nocens adducetur qui ista defensione non possit uti; etenim cum Verres utatur, quis erit umquam posthac reus tam perditus qui non ad Q. Muci innocentiam referatur, si cum isto conferatur? Neque nunc tam isti mihi Verrem defendere videntur quam in Verre defensionis temptare rationem.
(28) Qua de re, iudices, magnopere vobis providendum est: pertinet hoc ad summam rem publicam et ad existimationem ordinis nostri salutemque sociorum. Si enim innocentes existimari volumus, non solum nos, sed etiam nostros comites praestare debemus. 11 Primum omnium opera danda est ut eos nobiscum educamus qui nostrae famae capitique consulant; deinde, si in hominibus eligendis nos spes amicitiae fefellerit, ut vindicemus, missos faciamus, semper ita vivamus ut rationem reddendam nobis arbitremur. Africani est hoc, hominis liberalissimi – verum tamen ea liberalitas est probanda quae sine periculo existimationis est, ut in illo fuit: (29) cum ab eo quidam vetus adsectator et ex numero amicorum non impetraret uti se praefectum in Africam duceret, et id ferret moleste, 'Noli,' inquit, 'mirari si tu hoc a me non impetras. Ego iam pridem ab eo cui meam existimationem caram fore arbitror peto ut mecum praefectus proficiscatur, et adhuc impetrare non possum.' Etenim re vera multo magis est

Hand.[45] Was immer jemand von diesen Leuten genommen hat, das, so muß man notwendigerweise urteilen, ist nicht nur dir gegeben, sondern von deiner Hand gezählt worden. Denn wenn ihr diese Rechtfertigung gutheißen wollt: »Er hat es nicht selbst entgegengenommen«, dann mögt ihr alle Gerichtsverfahren wegen Erpressungen abschaffen. Denn niemals wird man einen noch so schuldigen Angeklagten vor Gericht stellen, der sich nicht dieser Rechtfertigung bedienen könnte. Denn da Verres sich ihrer bedient, wo wird es da noch künftig einen so verruchten Angeklagten geben, der nicht, mit ihm verglichen, an die Rechtschaffenheit des Q. Mucius[46] erinnert? Auch scheint mir, meine Gegenspieler wollen jetzt nicht so sehr Verres verteidigen als an Verres eine Verteidigungsmethode erproben.

(28) Deshalb müßt ihr euch sehr vorsehen, ihr Richter. Denn dies berührt die höchsten Interessen des Staates und den Ruf unseres Standes und das Wohl der Bundesgenossen. Denn wenn wir als uneigennützig gelten wollen, so müssen wir nicht nur für unsere eigene, sondern auch für die Uneigennützigkeit der Leute unseres Gefolges einstehen. **11** Zu allererst müssen wir uns darum bemühen, nur solche Leute mit uns zu nehmen, die auf unseren Ruf und unsere bürgerliche Ehre bedacht sind; ferner müssen wir, wenn bei der Auswahl der Leute uns unsere freundschaftliche Erwartung getäuscht hat, strafend einschreiten, entlassen und immer so leben, daß wir überzeugt sind, Rechenschaft ablegen zu müssen. Von Africanus[47], einem sehr großzügigen Manne – freilich ist nur die Großzügigkeit zu billigen, die, wie es bei ihm der Fall war, keine Gefahr für unseren Ruf darstellt –, stammt folgender Ausspruch. (29) Als jemand, der ein alter Anhänger war und zum Kreis seiner Freunde gehörte, es nicht erreichen konnte, daß er ihn als Präfekten nach Afrika mitnahm, und dieser darüber verstimmt war, sagte Africanus: »Wundere dich nicht, wenn du dies bei mir nicht erreichen kannst. Ich versuche schon lange bei jemandem, von dem ich glaube, daß ihm mein Ruf etwas wert sein würde, durchzusetzen, daß er als Präfekt mit mir geht, kann aber bis jetzt nichts bei ihm

petendum ab hominibus, si salvi et honesti esse volumus, ut eant nobiscum in provinciam, quam in benefici loco deferendum. Sed tu cum et tuos amicos in provinciam quasi in praedam invitabas et cum iis ac per eos praedabare et eos in contione anulis aureis donabas, non statuebas tibi non solum de tuis, sed etiam de illorum factis rationem esse reddendam?

(30) Cum hos sibi quaestus constituisset magnos atque uberes ex his causis quas ipse instituerat cum consilio, hoc est cum sua cohorte, cognoscere, tum illud infinitum genus invenerat ad innumerabilem pecuniam corripiendam. **12** Dubium nemini est quin omnes omnium pecuniae positae sint in eorum potestate qui iudicia dant, et eorum qui iudicant, quin nemo vestrum possit aedis suas, nemo fundum, nemo bona patria obtinere, si, cum haec a quopiam vestrum petita sint, praetor improbus, cui nemo intercedere possit, det quem velit iudicem, iudex nequam et levis quod praetor iusserit iudicet.

(31) Si vero illud quoque accedit, ut praetor in ea verba iudicium det ut vel L. Octavius Balbus iudex, homo et iuris et offici peritissimus, non possit aliter iudicare, – si iudicium sit eius modi

L. Octavius iudex esto. Si paret fundum Capenatem, quo de agitur, ex iure Quiritium P. Servili esse, neque is fundus Q. Catulo restituetur,

non necesse erit L. Octavio iudici cogere P. Servilium Q.

erreichen.« Denn in der Tat, wir müssen, wenn wir ohne Schaden und Ehrverlust bleiben wollen, weit eher die Leute bitten, mit uns in die Provinz zu gehen, als ihnen dies als Vergünstigung anbieten. Aber du, als du deine Freunde in die Provinz wie zu einem Raubzuge einludest und als du mit ihnen und durch sie auf Raub ausgingest und sie in der Volksversammlung mit goldenen Ringen beschenktest,[48] hast du dir da nicht vorgestellt, daß du nicht nur über deine, sondern auch über ihre Taten würdest Rechenschaft ablegen müssen?

(30) Verres hatte sich nicht nur diese bedeutende und ergiebige Erwerbsquelle verschafft, aus den Rechtsfällen, die er selbst mit seinem Beirat, das heißt mit seinem Gefolge, zu untersuchen sich vorgenommen hatte, sondern er hatte auch noch die folgende unerschöpfliche Methode erfunden, eine Unmasse von Geld an sich zu bringen. **12** Niemandem ist zweifelhaft, daß unser aller gesamtes Geld der Verfügungsgewalt derer ausgesetzt ist, die die gerichtliche Untersuchung zulassen, und derer, die den Urteilsspruch fällen, und daß niemand von euch sein Haus, niemand sein Landgut, niemand sein väterliches Hab und Gut behalten kann, wenn man bei einem von euch darauf Anspruch erhebt und dann ein gewissenloser Prätor, gegen den niemand Einspruch erheben kann, wen er will zum Richter einsetzt und ein nichtsnutziger und leichtfertiger Richter urteilt, wie der Prätor befiehlt.[49]

(31) Doch angenommen, es kommt auch das noch hinzu: der Prätor läßt eine gerichtliche Untersuchung zu mit einer Anweisung, daß sogar der Richter L. Octavius Balbus, ein Mann, der das Recht und seine Pflicht genau kennt, nicht anders urteilen kann; angenommen, die Prozeßformel lautet so:

»L. Octavius soll Richter sein. Wenn sich erweist, daß das carpenatische Grundstück,[50] um das es sich handelt, nach quiritischem Recht[51] dem P. Servilius gehört, und wenn dieses Grundstück nicht dem Q. Catulus zurückgegeben wird ...«

ist der Richter L. Octavius dann nicht genötigt, P. Servilius

Catulo fundum restituere, aut condemnare eum quem non oporteat? Eius modi totum ius praetorium, omnis res iudiciaria fuit in Sicilia per triennium Verre praetore. Decreta eius modi, SI NON ACCIPIT QUOD TE DEBERE DICIS, ACCUSES; SI PETIT, DUCAS: C. Fuficium duci iussit petitorem, L. Suettium, L. Racilium. Iudicia eius modi: qui cives Romani erant *iudicabant* si Siculi essent, cum Siculos eorum legibus dari oporteret, qui Siculi, si cives Romani essent. (32) Verum ut totum genus amplectamini iudiciorum, prius iura Siculorum, deinde istius instituta cognoscite.

13 Siculi hoc iure sunt ut, quod civis cum cive agat, domi certet suis legibus, quod Siculus cum Siculo non eiusdem civitatis, ut de eo praetor iudices ex P. Rupili decreto, quod is de decem legatorum sententia statuit, quam illi legem Rupiliam vocant, sortiatur. Quod privatus a populo petit aut populus a privato, senatus ex aliqua civitate qui iudicet datur, cum alternae civitates reiectae sunt; quod civis Romanus a Siculo petit, Siculus iudex, quod Siculus a civi Romano, civis Romanus datur; ceterarum rerum selecti iudices ex conventu civium Romanorum proponi solent. Inter aratores et decumanos lege frumentaria, quam Hieronicam appellant, iudicia fiunt. (33) Haec omnia isto praetore non modo perturbata, sed plane et Siculis et civibus Romanis erepta sunt. Primum

zu zwingen, dem Q. Catulus das Grundstück zuzusprechen oder den zu verurteilen, den er gar nicht verurteilen darf?[52] Von der Art war das ganze prätorische Recht, das gesamte Gerichtswesen in Sizilien während der drei Jahre, da Verres dort Prätor war. Seine Verfügungen waren so: »Wenn er nicht annimmt, was du ihm zu schulden behauptest, dann verklage ihn; wenn er dich verklagt, dann führe ihn ab.«[53] So hat er den Kläger C. Fuficius abführen lassen, den L. Suetius, den L. Racilus. Die Gerichte waren so besetzt: römische Bürger urteilten, wenn es sich um Sizilier handelte, obwohl nach deren Gesetzen Sizilier bestellt werden mußten, und Sizilier urteilten, wenn es sich um römische Bürger handelte. (32) Doch damit ihr über die ganze Art seiner Gerichtsmethoden einen Überblick gewinnt, sollt ihr zuerst die Rechte der Sizilier und dann die Anordnungen des Verres kennenlernen.

13 Bei den Siziliern besteht folgende Regelung: wenn ein Bürger mit einem Mitbürger prozessiert, dann führt er den Streit in seinem Heimatort nach den eigenen Gesetzen; wenn ein Sizilier mit einem Sizilier aus einer anderen Gemeinde prozessiert, dann bestimmt der Prätor die dafür zuständigen Richter durch das Los, nach einem Erlaß, den Rupilius auf Vorschlag von zehn Legaten verfügt hat und den die Sizilier das Rupilische Gesetz nennen;[54] wenn ein Privatmann gegen eine Gemeinde klagt oder eine Gemeinde gegen einen Privatmann, dann wird, wenn die Parteien die eigenen Gemeinden gegenseitig ablehnen, der Rat einer beliebigen anderen Gemeinde bestimmt, den Rechtsstreit zu entscheiden; wenn ein römischer Bürger einen Sizilier verklagt, wird ein Sizilier, und wenn ein Sizilier einen römischen Bürger, wird ein römischer Bürger zum Richter bestimmt; in allen anderen Fällen pflegt man Richter vorzuschlagen, die aus dem Verband der römischen Bürger[55] ausgewählt sind. Die Prozesse zwischen den Landwirten und den Zehntpächtern werden nach dem sogenannten Hieronischen Getreidegesetz abgewickelt.[56] (33) Alle diese Rechte wurden während der Prätur des Verres nicht nur völlig durcheinandergebracht, sondern den Sizi-

suae leges: quod civis cum civi ageret, aut eum iudicem quem commodum erat, – praeconem, haruspicem, medicum suum, – dabat, aut si legibus erat iudicium constitutum et ad civem suum iudicem venerant, libere civi iudicare non licebat. Edictum enim hominis cognoscite, quo edicto omnia iudicia redegerat in suam potestatem, SI QUI PERPERAM IUDICASSET, SE COGNITURUM; CUM COGNOSSET, ANIMADVERSURUM. Idque cum faciebat, nemo dubitabat quin, cum iudex alium de suo iudicio putaret iudicaturum seque in eo capitis periculum aditurum, voluntatem spectaret eius quem statim de capite suo putaret iudicaturum. (34) Selecti ex conventu aut propositi ex negotiatoribus iudices nulli: haec copia, quam dico, iudicum cohors non Q. Scaevolae, qui tamen de cohorte sua dare non solebat, sed C. Verris. Cuius modi cohortem putatis hoc principe fuisse? Sicubi videtis edictum, SI QUI PERPERAM IUDICARIT SENATUS, eum quoque ostendam, si quando sit datus, coactu istius quod non senserit iudicasse. Ex lege Rupilia sortitio nulla, nisi cum nihil intererat istius; lege Hieronica iudicia plurimarum controversiarum sublata uno nomine omnia; de conventu ac negotiatoribus nulli iudices. Quantam potestatem habuerit videtis, quas res gesserit cognoscite.

14 (35) Heraclius est Hieronis filius Syracusanus, homo in

liern und den römischen Bürgern gänzlich entrissen. Zuerst die einheimischen Gesetze. Wenn ein Bürger gegen seinen Mitbürger klagte, dann bestimmte Verres einen Mann zum Richter, der ihm genehm war, seinen Ausrufer, Opferschauer oder Arzt, oder falls das Gerichtsverfahren nach den dortigen Gesetzen anberaumt wurde und die Parteien vor einem Mitbürger als ihrem Richter erschienen waren, war es diesem Bürger nicht erlaubt, frei zu entscheiden. Denn hört euch den Erlaß dieses Menschen an, durch den er alle Gerichte in seine Verfügungsgewalt gebracht hatte: wenn jemand ein falsches Urteil fällen sollte, dann werde er den Fall untersuchen und wenn er ihn untersucht habe, werde er strafend einschreiten.[57] Und da er so handelte, hatte kein Richter Bedenken (denn er mußte ja glauben, ein anderer werde über sein richterliches Urteil zu Gericht sitzen und er selbst werde sich dabei in Lebensgefahr begeben), den Willen dessen zu beachten, der, wie er glaubte, demnächst einen Kapitalprozeß gegen ihn herbeiführen werde. (34) Kein Richter wurde aus dem Bürgerverband ausgewählt oder aus der Reihe der Geschäftsleute[58] vorgeschlagen; die Schar der Richter, von der ich hier rede, war das Gefolge, nicht das eines Q. Scaevola, der gleichwohl niemanden aus seinem Gefolge zu bestellen pflegte, sondern das eines C. Verres. Von welcher Art, meint ihr wohl, war das Gefolge unter diesem Oberhaupt? Wenn ihr euch ferner seinen Erlaß anseht: »Falls ein Gemeinderat ein falsches Urteil fällt«, so hat auch der, wie ich noch beweisen werde, wenn er einmal als Gerichtshof eingesetzt wurde, unter dem Druck des Verres ein Urteil gefällt, das seiner Überzeugung nicht entsprach. Es gab keine Auslosung nach dem Rupilischen Gesetz, außer wenn ihm an der Sache nichts lag; die Gerichte nach dem Hieronischen Gesetz, die für sehr viele Streitfälle in Betracht kamen, wurden alle mit einem einzigen Federstrich aufgehoben; es gab keine Richter aus dem Bürgerverband und aus dem Kreis der Geschäftsleute. Ihr seht also, welche Macht er besaß; vernehmt jetzt, was er getan hat.

14 (35) Heraclius ist der Sohn des Hieron, ein Syrakusaner;

primis domi suae nobilis et ante hunc praetorem vel pecuniosissimus Syracusanorum, nunc nulla alia calamitate nisi istius avaritia atque iniuria pauperrimus. Huic hereditas ad HS facile triciens venit testamento propinqui sui Heraclii, plena domus caelati argenti optimi multaeque stragulae vestis pretiosorumque mancipiorum; quibus in rebus istius cupiditates et insanias quis ignorat? Erat in sermone res, magnam Heraclio pecuniam relictam; non solum Heraclium divitem, sed etiam ornatum supellectile, argento, veste, mancipiis futurum. (36) Audit haec etiam Verres, et primo illo suo leniore artificio Heraclium adgredi conatur, ut eum roget inspicienda, quae non reddat. Deinde a quibusdam Syracusanis admonetur, – hi autem quidam erant adfines istius, quorum iste uxores numquam alienas existimavit, Cleomenes et Aeschrio, qui quantum apud istum et quam turpi de causa potuerint ex reliquis criminibus intellegetis: hi, ut dico, hominem admonent rem esse praeclaram, refertam omnibus rebus, ipsum autem Heraclium hominem esse maiorem natu, non promptissimum; eum praeter Marcellos patronum, quem suo iure adire aut appellare posset, habere neminem; esse in eo testamento quo ille heres esset scriptus, ut statuas in palaestra deberet ponere. 'Faciemus ut palaestritae negent ex testamento esse positas, petant hereditatem, quod eam palaestrae commissam esse dicant.' (37) Placuit ratio Verri; nam hoc animo providebat, cum tanta hereditas in controversiam venisset iudicioque peteretur, fieri non posse ut sine praeda ipse discederet. Adprobat consilium; auctor est ut quam pri-

er ist in seiner Heimat angesehen wie wenige und war vor der Prätur des Verres wohl der wohlhabendste Mann von Syrakus, jetzt dagegen ist er durch kein anderes Unglück als durch die Habsucht und Ungerechtigkeit des Verres der ärmste. Diesem Manne fiel durch das Testament seines Verwandten Heraclius eine Erbschaft von ungefähr drei Millionen Sesterzen zu, ein Haus angefüllt mit feinstem, kunstvoll gearbeitetem Silbergeschirr und vielen Teppichen sowie wertvollen Sklaven. Und wer kennt nicht die irrsinnige Gier des Verres nach solchen Dingen? Es war viel davon die Rede, daß dem Heraclius eine große Geldsumme hinterlassen worden sei; Heraclius werde nicht nur reich sein, sondern auch prächtig ausgestattet mit Hausrat, Silber, Teppichen und Sklaven. (36) Hiervon hört auch Verres, und er versucht zuerst mit seinem bekannten, vergleichsweise milden Kunstgriff an Heraclius heranzukommen, indem er ihn bittet, sich Dinge anschauen zu dürfen, die er dann nicht zurückgibt. Doch dann wird er von einigen Syrakusanern belehrt – diese waren gewissermaßen mit ihm verschwägert, da er ihre Frauen niemals als ihm fernstehend ansah, und hießen Kleomenes und Aischrion; wieviel sie bei Verres vermochten und aus welch schändlichem Grunde, das werdet ihr aus den übrigen Vorwürfen ersehen – diese Leute, wie gesagt, belehren Verres, der Besitz sei vortrefflich, biete eine Fülle von Dingen aller Art, Heraclius selbst aber sei ein schon ziemlich alter und nicht sehr gewandter Mann; außer den Marcellern habe er keinen Schutzherrn, an den er sich mit gutem Grunde wenden oder den er anrufen könne;[59] in dem Testament, in dem er zum Erben eingesetzt sei, stehe, daß er in der Ringschule Statuen aufstellen solle.[60] »Wir werden dafür sorgen, daß die Ringer behaupten, die Statuen seien nicht dem Testament gemäß aufgestellt worden, daß sie die Erbschaft einklagen, indem sie erklären, sie sei der Ringschule verfallen.« (37) Der Plan gefiel dem Verres. Denn er sah voraus, wenn eine so große Erbschaft zum Streitpunkt werde und man vor Gericht um sie klage, dann könne er selbst unmöglich ohne Beute ausgehen. Er billigt den Vorschlag; er empfiehlt, sie sollten

mum agere incipiant, hominemque id aetatis minime litigiosum quam tumultuosissime adoriantur. Scribitur Heraclio dica. **15** primo mirantur omnes improbitatem calumniae; deinde qui istum nossent partim suspicabantur, partim plane videbant adiectum esse oculum hereditati. Interea dies advenit quo die sese ex instituto ac lege Rupilia dicas sortiturum Syracusis iste edixerat. Paratus ad hanc dicam sortiendam venerat. Tum eum docet Heraclius non posse eo die sortiri, quod lex Rupilia vetaret diebus xxx sortiri dicam quibus scripta esset. Dies xxx nondum fuerant. Sperabat Heraclius, si illum diem effugisset, ante alteram sortitionem Q. Arrium, quem provincia tum maxime exspectabat, successurum. (38) Iste omnibus dicis diem distulit, et eam diem constituit ut hanc Heraclii dicam sortiri post dies triginta ex lege posset. Posteaquam ea dies venit, iste incipit simulare se velle sortiri. Heraclius cum advocatis adit et postulat ut sibi cum palaestritis, hoc est cum populo Syracusano, aequo iure disceptare liceat. Adversarii postulant ut in eam rem iudices dentur, ex iis civitatibus quae in id forum convenirent electi, qui Verri viderentur: Heraclius contra, ut iudices ex lege Rupilia dentur, ut ab institutis superiorum, ab auctoritate senatus, ab iure omnium Siculorum ne recedatur. **16** (39) Quid ego istius in iure dicundo libidinem et scelera demonstrem? quis vestrum non in urbana iuris dictione cognovit? quis umquam isto prae-

möglichst bald zu prozessieren beginnen und möglichst lautstark über den schon alten und keineswegs prozeßsüchtigen Menschen herfallen. Man erhebt schriftlich Klage gegen Heraclius. **15** Zuerst wundern sich alle über die unverschämte Schikane; doch dann schöpften die, die Verres kannten, teils den Verdacht, teils sahen sie klar, daß er ein Auge auf die Erbschaft geworfen habe. Inzwischen kam der Tag heran, an dem er, wie er bekanntgegeben hatte, nach dem Brauch und dem Rupilischen Gesetz in Syrakus die Richter für die Prozesse durch das Los zu bestimmen gedachte. Entschlossen auch für diesen Prozeß losen zu lassen, war er gekommen. Da belehrt ihn Heraclius, er könne an diesem Tage nicht losen lassen, weil das Rupilische Gesetz verbiete, innerhalb von dreißig Tagen nach Einreichung der Klageschrift losen zu lassen. Die dreißig Tage waren noch nicht vorbei; Heraclius hoffte, wenn er diesem Termin entkomme, dann werde vor der zweiten Verlosung Q. Arrius als Nachfolger eintreffen, den die Provinz damals gerade erwartete.[61] (38) Verres verschob für alle Prozesse den Termin und setzte den neuen so an, daß er die Richter für den Prozeß des Heraclius nach Ablauf von dreißig Tagen gemäß der gesetzlichen Bestimmung auslosen konnte. Als dieser Tag gekommen war, tat er anfangs so, als ob er losen lassen wolle. Heraclius wendet sich mit seinen Anwälten an ihn und verlangt, daß es ihm erlaubt sei, den Streit gegen die Besucher der Ringschule, das heißt gegen die Gemeinde Syrakus, unter gleichen rechtlichen Bedingungen zu führen.[62] Die Gegner verlangen, man solle für diesen Fall Richter berufen, die aus den Gemeinden, die zu diesem Gerichtsbezirk gehörten, ausgewählt seien, Leute, wie sie dem Verres richtig erschienen.[63] Heraclius dagegen verlangt, daß man die Richter nach dem Rupilischen Gesetz berufe, daß man von den Einrichtungen der Vorgänger, von dem Beschluß des Senates, vom Recht aller Sizilier nicht abgehe.[64] **16** (39) Was soll ich noch die Willkür und Ruchlosigkeit des Verres in der Rechtsprechung darlegen? Wer von euch hat ihn nicht bei seiner städtischen Rechtsprechung kennengelernt?[65] Wer hat jemals, als er Prätor war, gegen

tore Chelidone invita lege agere potuit? Non istum, ut non neminem, provincia corrupit; idem fuit qui Romae. Cum id quod omnes intellegebant diceret Heraclius, ius esse certum Siculis inter se quo iure certarent, legem esse Rupiliam quam P. Rupilius consul de decem legatorum sententia dedisset, hanc omnis semper in Sicilia consules praetoresque servasse, negavit se e lege Rupilia sortiturum: quinque iudices, quos commodum ipsi fuit, dedit. (40) Quid hoc homine facias? quod supplicium dignum libidine eius invenias? Praescriptum tibi cum esset, homo deterrime et impudentissime, quem ad modum iudices inter Siculos dares, cum imperatoris populi Romani auctoritas, legatorum decem, summorum hominum, dignitas, senatus consultum intercederet, *quo senatus* consulto P. Rupilius de decem legatorum sententia leges in Sicilia constituerat, cum omnes ante te praetorem Rupilias leges et in ceteris rebus et in iudiciis maxime servassent, tu ausus es pro nihilo prae tua praeda tot res sanctissimas ducere? tibi nulla lex fuit, nulla religio, nullus existimationis pudor, nullus iudici metus? nullius apud te gravis auctoritas, nullum exemplum quod sequi velles? (41) Verum, ut institui dicere, quinque iudicibus nulla lege, nullo instituto, nulla reiectione, nulla sorte ex libidine istius datis, non qui causam cognoscerent, sed qui quod imperatum esset iudicarent, eo die nihil actum est; adesse iubentur postridie. **17** Heraclius interea, cum omnis insidias fortunis suis a praetore fieri videret, capit consilium de amicorum et propinquorum sententia non

den Willen der Chelidon sein gesetzmäßiges Recht geltend machen können? Ihn hat nicht, wie manchen anderen, die Provinz verdorben; er war derselbe wie in Rom. Obwohl Heraclius – was alle ohnehin wußten – betonte, daß die Sizilier eindeutig festgelegte Rechtsbestimmungen besäßen, nach denen sie untereinander ihre Streitigkeiten regelten, daß es hierfür das Rupilische Gesetz gebe, das der Konsul P. Rupilius auf den Vorschlag von zehn Legaten erlassen habe und daß sich hieran immer alle Konsuln und Prätoren in Sizilien gehalten hätten, erklärte Verres, er werde nach dem Rupilischen Gesetz losen lassen;[66] er bestimmte fünf Geschworene, die ihm selbst genehm waren.[67] (40) Was soll man mit diesem Menschen machen? Welche Strafe kann man finden, die seiner Willkür angemessen wäre? Obwohl dir vorgeschrieben war, du abgebrühter und unverschämter Mensch, wie du bei einem Streit unter Siziliern die Richter berufen solltest, obwohl die Willenserklärung eines Feldherrn des römischen Volkes, das Ansehen von zehn hochgestellten Legaten und der Senatsbeschluß dagegen sprachen, nach dem P. Rupilius auf den Vorschlag der zehn Legaten die Gesetze in Sizilien erlassen hatte, obwohl alle vor deiner Prätur die Rupilischen Gesetze in jeder anderen Beziehung und besonders im Gerichtswesen beachtet hatten, hast du es gewagt, deiner Beute wegen so viele erhabene Dinge für nichts zu achten? Für dich gab es kein Gesetz, kein Gewissen, keine Rücksicht auf den Ruf, keine Angst vor dem Gericht? Bei dir wog keines Menschen Vorbild, kein Beispiel, dem du folgen wolltest? (41) Im Gegenteil, wie ich schon vorhin gesagt habe: ohne Gesetz, ohne das übliche Verfahren, ohne das Recht der Richterablehnung, ohne Auslosung wurden nach dem Ermessen des Verres fünf Richter berufen, die nicht die Sache untersuchen, sondern, wie ihnen befohlen, entscheiden sollten; sonst geschah an diesem Tage nichts; die Parteien werden aufgefordert, am nächsten Tage wieder zu erscheinen. **17** Heraclius erkannte inzwischen, daß der Prätor mit allen erdenklichen Mitteln hinter seinem Vermögen her war; so faßte er auf den Rat seiner Freunde und Verwandten den

adesse ad iudicium; itaque illa nocte Syracusis profugit. Iste postridie mane, cum multo maturius quam umquam antea surrexisset, iudices citari iubet. Ubi comperit Heraclium non adesse, cogere incipit eos ut absentem Heraclium condemnent. Illi eum commonefaciunt ut, si sibi videatur, utatur instituto suo nec cogat ante horam decimam de absente secundum praesentem iudicare: impetrant. (42) Interea sane perturbatus et ipse et eius amici et consiliarii moleste ferre coeperunt Heraclium profugisse; putabant absentis damnationem, praesertim tantae pecuniae, multo invidiosiorem fore quam si praesens damnatus esset. Eo accedebat quod iudices e lege Rupilia dati non erant; multo etiam rem turpiorem fore et iniquiorem visum iri intellegebant. Itaque hoc dum corrigere vult, apertior eius cupiditas improbitasque facta est. Nam illis quinque iudicibus uti se negat; iubet, id quod initio lege Rupilia fieri oportuerat, citari Heraclium et eos qui dicam scripserant; ait se iudices ex lege velle sortiri. Quod ab eo pridie, cum multis lacrimis cum oraret atque obsecraret, Heraclius impetrare non potuerat, id ei postridie venit in mentem, ex lege Rupilia sortiri dicas oportere. Educit ex urna tris; his ut absentem Heraclium condemnent imperat; itaque condemnant.

(43) Quae, malum, ista fuit amentia! Ecquando te rationem factorum tuorum redditurum putasti? ecquando his de rebus

Entschluß, nicht vor Gericht zu erscheinen; er floh daher in jener Nacht aus Syrakus. Verres, der viel früher als jemals zuvor aufgestanden war, ließ am nächsten Tag in aller Frühe die Richter aufrufen. Als er erfuhr, daß Heraclius nicht erschienen sei, begann er sie zu drängen, ihn in Abwesenheit zu verurteilen. Sie aber bedeuten ihm, er möge doch so gut sein und sich an seine Gewohnheit halten und sie nicht zwingen, vor der zehnten Stunde[68] ein Urteil über den Abwesenden zugunsten des Anwesenden[69] zu fällen; sie haben mit ihrem Ersuchen Erfolg. (42) In der Zwischenzeit jedoch gerieten er selbst und seine Freunde und Berater in große Verlegenheit; sie begannen es als peinlich zu empfinden, daß Heraclius geflüchtet war; sie glaubten, die Verurteilung eines Abwesenden, zumal zu einer so hohen Geldstrafe, werde weit mehr Erbitterung hervorrufen, als wenn er anwesend verurteilt würde. Hinzu kam noch, daß die Richter nicht nach dem Rupilischen Gesetz berufen waren; man war sich darüber im klaren, daß die Sache dadurch noch viel schändlicher und ungerechter erscheinen werde. Verres will dies daher richtigstellen, doch dabei tritt seine Gier und Schamlosigkeit nur noch unverhüllter hervor. Denn von den fünf Richtern, erklärt er, wolle er keinen Gebrauch machen; er befiehlt, wie es gleich zu Anfang nach dem Rupilischen Gesetz hätte geschehen müssen, Heraclius und die Leute, die die Anklageschrift eingereicht hatten, vorzuladen; er sagt, er wolle die Richter nach dem Gesetz auslosen lassen. Was Heraclius am Tage zuvor, obwohl er ihn unter vielen Tränen anflehte und beschwor, von ihm nicht hatte erreichen können, das kam ihm jetzt am Tage danach in den Sinn: daß die Richter nach dem Rupilischen Gesetz ausgelost werden mußten. Er zieht drei Namen aus der Urne; diesen Richtern befiehlt er, Heraclius in Abwesenheit zu verurteilen, und so verurteilen sie ihn.

(43) Was war das, zum Henker, für ein Wahnsinn! Hast du niemals damit gerechnet, daß du über deine Taten würdest Rechenschaft ablegen müssen? Hast du niemals daran gedacht, daß so bedeutende Männer von diesen Dingen zu

talis viros auditūros existimasti? Petatur hereditas ea, quae nulla debetur, in praedam praetoris? interponatur nomen civitatis? imponatur honestae civitati turpissima persona calumniae? neque hoc solum, sed ita res agatur ut ne simulatio quidem aequitatis ulla adhibeatur? Nam, per deos immortalis, quid interest utrum praetor imperet vique cogat aliquem de suis bonis omnibus decedere, an huiusce modi iudicium det, quo iudicio indicta causa fortunis omnibus everti necesse sit? **18** (44) Profecto enim negare non potes te ex lege Rupilia sortiri iudices debuisse, cum praesertim Heraclius id postularet. Sin illud dicis, te Heraclii voluntate ab lege recessisse, ipse te impedies, ipse tua defensione implicabere; quare enim primum ille adesse noluit, cum ex eo numero iudices haberet quos postularat? deinde tu cur post illius fugam iudices alios sortitus es, si eos qui erant antea dati utriusque dederas voluntate? Deinde ceteras dicas omnis illo foro M. Postumius quaestor sortitus est: hanc solam tu illo conventu reperiere sortitus.

(45) Ergo, inquiet aliquis, donavit populo Syracusano illam hereditatem. Primum, si id confiteri velim, tamen istum condemnetis necesse est; neque enim permissum est ut impune nobis liceat, quod alicui eripuerimus, id alteri tradere. Verum ex ista reperietis hereditate ita istum praedatum ut perpauca occulte fecerit; populum Syracusanum in maximam invidiam

hören bekommen würden? Soll eine Erbschaft beansprucht werden, auf die überhaupt keiner ein Anrecht hat, damit sie Beute des Prätors werde? Soll dafür der Name einer Stadt mißbraucht werden? Soll dafür einer geachteten Gemeinde die schändliche Rolle eines Rechtsverdrehers aufgebürdet werden? Und nicht nur das: soll die Sache auch noch so ausgeführt werden, daß nicht einmal der geringste Schein der Gerechtigkeit dabei gewahrt bleibt? Denn, bei den unsterblichen Göttern, was verschlägt es, ob der Prätor jemandem befiehlt und ihn mit Gewalt zwingt, auf sein ganzes Hab und Gut zu verzichten, oder ob er ein Gericht von der Art einsetzt, daß der Beklagte ohne Anhörung zwangsläufig um sein ganzes Vermögen gebracht wird. **18** (44) Denn du kannst gewiß nicht leugnen, daß du nach dem Rupilischen Gesetz die Richter hättest auslosen müssen, zumal Heraclius dies verlangte. Wenn du aber behaupten willst, du seiest auf Wunsch des Heraclius vom Gesetz abgewichen, dann bringst du dich selbst in Bedrängnis, verwickelst du dich selbst bei deiner Verteidigung in Widersprüche. Denn erstens: weshalb wollte Heraclius sich nicht stellen, da er doch aus der zuständigen Gruppe Richter hatte, die er wünschte? Ferner: warum hast du nach seiner Flucht andere Richter auslosen lassen, wenn du doch die vorher bestellten nach dem Wunsch beider Seiten bestellt hattest? Sodann hat die Richter für alle übrigen Prozesse in jenem Gerichtsbezirk der Quästor M. Postumius ausgelost; dies ist der einzige Fall, für den du selbst sie, wie sich noch herausstellen wird, in der betreffenden Sitzung durch das Los bestimmt hast.

(45) Also, wird jemand sagen, hat er die Erbschaft der Gemeinde Syrakus geschenkt. Angenommen, ich wollte dies zunächst zugeben, dennoch müßtet ihr ihn verurteilen; denn man kann es nicht durchgehen lassen, daß es uns ungestraft erlaubt sei, was wir dem einen nehmen, dem anderen zu geben. Ihr werdet indes feststellen, daß er sich an dieser Erbschaft bereichert und dabei nur sehr wenig heimlich durchgeführt hat, daß die Gemeinde Syrakus in den übelsten Ruf geraten ist, wobei auf ihr Konto die Schande, auf das eines

sua infamia, alieno praemio pervenisse, paucos Syracusanos, – eos qui nunc se publice laudationis causa venisse dicunt, – et tunc participes praedae fuisse et nunc non ad istius laudationem, sed ad communem litium aestimationem venisse. Posteaquam damnatus est absens, non solum illius hereditatis de qua ambigebatur, quae erat HS triciens, sed omnium bonorum paternorum ipsius Heraclii, quae non minor erat pecunia, palaestrae Syracusanorum, hoc est Syracusanis, possessio traditur. (46) Quae est ista praetura? Eripis hereditatem quae venerat a propinquo, venerat testamento, venerat legibus; quae bona is qui testamentum fecerat huic Heraclio, aliquanto ante quam est mortuus, omnia utenda ac possidenda tradiderat, cuius hereditatis, cum ille aliquanto ante te praetorem esset mortuus, controversia fuerat nulla, mentionem fecerat nemo. **19** Verum esto. Eripe hereditatem propinquis, da palaestritis, praedare in bonis alienis nomine civitatis, everte leges, testamenta, voluntates mortuorum, iura vivorum: num etiam patriis Heraclium bonis exturbare oportuit? Qui simul ac profugit, quam impudenter, quam palam, quam acerbe, di immortales, illa bona direpta sunt! quam illa res calamitosa Heraclio, quaestuosa Verri, turpis Syracusanis, miseranda omnibus videbatur! Nam illud quidem statim curatur, ut quicquid caelati argenti fuit in illis bonis ad istum deferatur, quicquid Corinthiorum vasorum, stragulae vestis: haec nemo dubitabat quin non modo ex illa domo capta et oppressa, verum ex tota provincia ad istum comportari

anderen die Belohnung ging, daß nur einige wenige Syrakusaner, und zwar nur die, die behaupten, sie seien jetzt im amtlichen Auftrag erschienen, um Verres zu belobigen, damals einen Anteil an der Beute erhalten haben und jetzt nicht zur Lobrede auf ihn, sondern zur gemeinsamen Festsetzung der Entschädigungssumme erschienen sind.[70] Nachdem Heraclius in Abwesenheit verurteilt war, übertrug man der Ringschule von Syrakus, das heißt den Syrakusanern, nicht nur den Besitz an der Erbschaft, um die der Streit ging und die drei Millionen wert war, sondern auch an dem gesamten väterlichen Hab und Gut des Heraclius selbst, das an Wert nicht geringer war. (46) Was ist das für eine Prätur? Du entreißt eine Erbschaft, die zugefallen war von einem Verwandten, zugefallen durch das Testament, zugefallen nach den Gesetzen; dieses Hab und Gut hatte der Erblasser unserem Heraclius schon einige Zeit vor seinem Tode vollständig zu Nutznießung und Besitz überlassen,[71] und wegen dieser Erbschaft hatte es keinen Streit gegeben, hatte niemand ein Wort fallen lassen, obwohl der Erblasser schon einige Zeit vor deiner Prätur gestorben war. **19** Doch das sei, wie es sei: Entreiße die Erbschaft den Verwandten, gib sie den Ringern, bereichere dich im Namen der Gemeinde an fremdem Gut, stoß die Gesetze um, die Testamente, den Willen der Verstorbenen, die Rechte der Lebenden: mußtest du denn Heraclius auch aus seinem väterlichen Hab und Gut vertreiben? Sobald er geflohen war, wie unverschämt, wie unverhohlen, wie rücksichtslos, ihr unsterblichen Götter, ist sein Hab und Gut geplündert worden! Wie unheilvoll erwies sich diese Sache für Heraclius, wie gewinnbringend für Verres, wie schmachvoll für die Syrakusaner, wie beklagenswert für alle! Denn dafür sorgt man jedenfalls sofort, daß alles getriebene Silber, das sich unter jenem Hab und Gut befand, alle korinthischen Gefäße[72] und alle Teppiche zu Verres gebracht werden; niemand zweifelte, daß diese Dinge sich unausbleiblich nicht nur aus dem eingenommenen und überwältigten Hause, sondern aus der ganzen Provinz bei ihm aufhäufen würden. Die Sklaven, an denen er Gefallen fand, nahm er für sich, andere

necesse esset. Mancipia quae voluit abduxit, alia divisit; auctio facta est, in qua cohors istius invicta dominata est. (47) Verum illud est praeclarum. Syracusani qui praefuerant his Heraclii bonis verbo redigendis, re dispertiendis, reddebant eorum negotiorum rationem in senatu; dicebant scyphorum paria complura, hydrias argenteas pretiosas, vestem stragulam multam, mancipia pretiosa data esse Verri; dicebant quantum cuique eius iussu nummorum esset datum. Gemebant Syracusani, sed tamen patiebantur. Repente recitatur uno nomine HS $\overline{\text{ccc}}$ iussu praetoris data esse. Fit maximus clamor omnium, non modo optimi cuiusque neque eorum quibus indignum semper visum erat bona privati populi nomine per summam iniuriam erepta, verum etiam ipsi illi auctores iniuriae et ex aliqua particula socii praedae ac rapinarum clamare coeperunt sibi ut haberet hereditatem. Tantus in curia clamor factus est ut populus concurreret.
20 (48) Res ab omni conventu cognita celeriter isti domum nuntiatur. Homo inimicus iis qui recitassent, hostis omnibus qui acclamassent, exarsit iracundia ac stomacho; verum tamen fuit tum sui dissimilis. Nostis os hominis, nostis audaciam; tamen tum rumore populi et clamore et manifesto furto grandis pecuniae perturbatus est. Ubi se collegit, vocat ad se Syracusanos; qui non posset negare ab illis pecuniam datam, non quaesivit procul alicunde, (neque enim probaret), sed proximum, paene alterum filium, quem illam pecuniam diceret abstulisse; ostendit se reddere coacturum. Qui postea-

verteilte er; eine Versteigerung fand statt, bei der sein unüberwindliches Gefolge die Szene beherrschte.[73] (47) Doch das ist das stärkste Stück: Die Syrakusaner, die das Hab und Gut des Heraclius verwalteten, angeblich, um es zu Geld zu machen,[74] in Wirklichkeit, um es zu verteilen, legten über ihre Tätigkeit Rechenschaft im Gemeinderat ab; sie erklärten, Verres habe mehrere Paare von Pokalen, kostbare silberne Krüge, viele Teppiche und wertvolle Sklaven erhalten; sie erklärten, wieviel Geld jedem auf seinen Befehl ausgezahlt worden sei. Die Syrakusaner schnaubten, steckten es aber doch ein. Plötzlich wird verlesen, man habe auf Befehl des Prätors auf einmal 300000 Sesterzen ausgezahlt. Da erhebt sich allgemein lautes Geschrei nicht nur von seiten aller Anständigen sowie der Leute, die es stets als empörend angesehen hatten, daß privates Hab und Gut im Namen des Volkes auf höchst ungerechte Weise geraubt wurde, sondern sogar die Urheber des Unrechts selbst, die zu einem kleinen Teil auch Beteiligte an der Beute und dem Raub waren, begannen zu schreien, Verres solle die Erbschaft für sich behalten. Ein so lautes Geschrei erhob sich im Rathaus, daß das Volk zusammenlief. 20 (48) Die ganze zusammengeströmte Menge erfuhr von dem Vorgang; schnell wird auch Verres in seiner Wohnung davon verständigt. Der Mensch, erbittert über die, die den Bericht erstattet hatten, voll feindlicher Gefühle gegen alle, die entrüstet geschrien hatten, entbrannte von Zorn und Ärger; aber dennoch war er damals sich selbst nicht ähnlich. Ihr kennt die freche Stirn des Mannes, ihr kennt seine Unverfrorenheit; gleichwohl brachte ihn damals das Gerede und Geschrei des Volkes sowie die Aufdeckung des Diebstahls einer großen Geldsumme aus der Fassung. Sobald er sich wieder gefangen hat, ruft er die Syrakusaner zu sich. Da er nicht leugnen konnte, daß sie das Geld ausgezahlt hatten, suchte er sich nicht irgendwo in der Ferne einen Lückenbüßer (denn das hätte er ja nicht glaubhaft machen können), sondern einen ganz nahen, sozusagen seinen zweiten Sohn,[75] von dem er behauptete, er habe das Geld entwendet; er betonte, er werde ihn zur Rückgabe zwingen.

quam id audivit, habuit et dignitatis et aetatis et nobilitatis suae rationem; verba apud senatum fecit, docuit ad se nihil pertinere; de isto, id quod omnes videbant, ne ille quidem obscure locutus est. Itaque illi Syracusani statuam postea statuerunt, et is, ut primum potuit, istum reliquit de provinciaque decessit. (49) Et tamen aiunt eum queri solere non numquam se miserum quod non suis, sed suorum peccatis et criminibus prematur. Triennium provinciam obtinuisti; gener, lectus adulescens, unum annum tecum fuit; sodales, viri fortes, legati tui primo anno te reliquerunt; unus legatus P. Tadius qui erat reliquus non ita tecum multum fuit; qui si semper una fuisset, tamen summa cura cum tuae, tum multo etiam magis suae famae pepercisset. Quid est quod tu alios accuses? quid est quam ob rem putes te tuam culpam non modo derivare in aliquem, sed communicare cum altero posse? (50) Numerantur illa HS $\overline{ccc}$ Syracusanis. Ea quem ad modum ad istum postea per pseudothyrum revertantur, tabulis vobis testibusque, iudices, planum faciam.

21 Ex hac iniquitate istius et improbitate, iudices, quod praeda ex illis bonis ad multos Syracusanos invito populo senatuque Syracusano venerat, et illa scelera quae per Theomnastum et Aeschrionem et Dionysodorum et Cleomenem invitissima civitate illa facta sunt: primum ut urbs tota spoliaretur, qua de re alius mihi locus ad dicendum est constitutus; ut omnia signa iste per eos homines quos nominavi, omne ebur ex aedibus sacris, omnis undique tabulas pictas, deorum denique

Der aber dachte, als er davon hörte, an seine Ehre, sein Alter und seinen Stand; er sprach vor dem Gemeinderat und legte dar, daß er nichts mit der Sache zu tun habe; über Verres äußerte selbst er ganz unverhüllt, was alle schon wußten. Daher haben die Syrakusaner ihm später eine Statue errichtet; und, sobald er konnte, verließ er den Verres und entfernte sich aus der Provinz. (49) Und doch, erzählt man, pflege Verres bisweilen darüber zu klagen, er sei ein bedauernswerter Mensch, weil ihm nicht seine, sondern seiner Leute Verfehlungen und Verbrechen zur Last gelegt würden. Drei Jahre lang hast du die Provinz verwaltet; dein Schwiegersohn, ein vorzüglicher junger Mann, war ein Jahr mit dir zusammen; deine Freunde, tüchtige Männer, deine Legaten haben dich im ersten Jahr verlassen; P. Tadius, der einzige Legat, der zurückblieb, war nicht gerade viel mit dir zusammen; wäre er immer mit dir zusammen gewesen, dann hätte er dennoch mit größter Sorgfalt nicht nur auf deinen, sondern noch viel mehr auf seinen Ruf geachtet. Was für ein Grund besteht also, daß du andere anklagst? Was für ein Grund besteht, daß du glaubst, du könntest deine Schuld auf jemanden abwälzen oder sie auch nur mit einem anderen teilen? (50) Die 300000 Sesterzen werden den Syrakusanern zurückgezahlt. Wie sie später durch eine Geheimtür wieder zu Verres zurückgelangen, das werde ich euch noch, ihr Richter, durch Urkunden und Zeugen beweisen.

21 Aus diesem ungerechten und unverschämten Verhalten des Verres ergab sich, ihr Richter, daß ein Beuteanteil aus diesem Vermögen vielen Syrakusanern gegen den Willen des Volkes und des Rates von Syrakus zugefallen war, und entsprangen auch die Verbrechen, die er durch Theomnastos und Aischrion und Dionysodoros und Kleomenes gegen den entschiedenen Willen der Gemeinde ausführen ließ. Erstens wurde die ganze Stadt ausgeplündert (doch darüber habe ich mir an anderer Stelle zu sprechen vorgenommen); Verres ließ durch die genannten Leute alle Standbilder, alles Elfenbein aus den Heiligtümern, alle Gemälde von überallher und schließlich die Götterbilder, an denen er Gefallen fand, ent-

simulacra quae vellet auferret; deinde ut in curia Syracusis, quem locum illi βουλευτήριον nomine appellant, honestissimo loco et apud illos clarissimo, ubi illius ipsius M. Marcelli, – qui eum Syracusanis locum, quem eripere belli ac victoriae lege posset, conservavit et reddidit, – statua ex aere facta est, ibi inauratam istius et alteram filio statuam ponerent, ut dum istius hominis memoria maneret senatus Syracusanus sine lacrimis et gemitu in curia esse non posset. (51) Per eosdem istius furtorum iniuriarum uxorumque socios istius imperio Syracusis Marcellia tolluntur maximo gemitu luctuque civitatis, quem illi diem festum cum recentibus beneficiis C. Marcelli debitum reddebant, tum generi nomini familiae Marcellorum maxima voluntate tribuebant. Mithridates in Asia, cum eam provinciam totam occupasset, Mucia non sustulit. Hostis, et hostis in ceteris rebus nimis ferus et immanis, tamen honorem hominis deorum religione consecratum violare noluit: tu Syracusanos unum diem festum Marcellis impertire noluisti, per quos illi adepti sunt ut ceteros dies festos agitare possent? (52) At vero praeclarum diem illis reposuisti Verria ut agerent, et ut ad eum diem quae sacris epulisque opus essent in compluris annos locarentur! Iam in tanta istius impudentia remittendum aliquid videtur, ne omnia contendamus, ne omnia cum dolore agere videamur. Nam me dies vox latera deficiant, si hoc nunc vociferari velim, quam miserum indignumque sit istius nomine apud

wenden.[76] Sodann im Rathaus zu Syrakus, an einer Stätte, die man dort Buleuterion nennt, an einer Stätte, die bei den Menschen dort großes Ansehen und große Achtung genießt, wo selbst dem berühmten M. Marcellus[77], der den Syrakusanern diese Stätte, die er ihnen doch nach dem Gesetz des siegreichen Kriegers hätte entreißen können, bewahrte und zurückgab, nur eine Statue aus Erz errichtet wurde, dort stellte man eine vergoldete Statue des Verres und eine zweite für dessen Sohn auf, so daß, solange das Andenken an diesen Menschen andauerte, der Rat von Syrakus sich nicht ohne Tränen und Seufzen im Rathause aufhalten konnte. (51) Mit Hilfe derselben Leute, die an seinen Diebstählen, rechtswidrigen Maßnahmen und Weibern beteiligt waren,[78] wird auf seinen Befehl das Marcellus-Fest von Syrakus unter großem Jammern und Wehklagen der Gemeinde aufgehoben; diesen Festtag begingen sie als Dankesschuld für die Wohltaten, die ihnen C. Marcellus[79] erst jüngst erwiesen hatte, besonders aber widmeten sie ihn mit größter Beflissenheit dem Geschlecht, dem Namen der Familie der Marceller[80]. Mithridates[81] hob in Asien, als er diese Provinz ganz besetzt hatte, das Mucius-Fest[82] nicht auf. Ein Feind, und zwar ein im übrigen sehr grausamer und unmenschlicher Feind, hat er doch die durch den Götterkult geheiligte Ehre dieses Mannes nicht verletzen wollen; du aber hast es nicht zugelassen, daß die Syrakusaner den Marcellern einen einzigen Festtag widmeten, denen sie es doch zu verdanken hatten, daß sie die übrigen Festtage feiern konnten? (52) Aber du hast ihnen ja einen herrlichen Tag als Ersatz gegeben: das Verres-Fest sollten sie feiern und, was für die Opfer und Festmähler an diesem Tage erforderlich sei, auf mehrere Jahre verdingen! Übrigens scheint es mir bei seiner übergroßen Unverschämtheit nötig zu sein, einiges auf sich beruhen zu lassen; es soll nicht scheinen, als wollten wir uns über alles ereifern, alles mit Empörung vorbringen. Denn Zeit, Stimme und Lungenkraft würden mir mangeln, wenn ich mich jetzt lauthals darüber auslassen würde, wie erbärmlich und empörend es ist, daß im Namen des Verres bei Leuten ein Festtag gefeiert wird, die,

eos diem festum esse qui se istius opera funditus exstinctos esse arbitrentur. O Verria praeclara! quo accessisti, quaeso, quo non attuleris tecum istum diem? Etenim quam tu domum, quam urbem adisti, quod fanum denique, quod non eversum atque extersum reliqueris? Quare appellentur sane ista Verria, quae non ex nomine sed ex manibus naturaque tua constituta esse videantur.

22 (53) Quam facile serpat iniuria et peccandi consuetudo, quam non facile reprimatur, videte, iudices. Bidis oppidum est tenue sane, non longe a Syracusis. Hic longe primus civitatis est Epicrates quidam. Huic hereditas HS quingentorum milium venerat a muliere quadam propinqua, atque ita propinqua ut, ea etiamsi intestata esset mortua, Epicratem Bidinorum legibus heredem esse oporteret. Recens erat illa res quam ante demonstravi, de Heraclio Syracusano, qui bona non perdidisset nisi ei venisset hereditas. Huic quoque Epicrati venerat, ut dixi, hereditas. (54) Cogitare coeperunt eius inimici nihilo minus eodem praetore hunc everti bonis posse quo Heraclius esset eversus. Rem occulte instituunt; ad Verrem per eius interpretes deferunt. Ita causa componitur ut item palaestritae Bidini peterent ab Epicrate hereditatem, quem ad modum palaestritae Syracusani ab Heraclio petivissent. Numquam vos praetorem tam palaestricum vidistis; verum ita palaestritas defendebat ut ab illis ipse unctior abiret. Qui statim, *quo* quid praesens esset, iubet cuidam amicorum suorum numerari HS LXXX. (55) Res occultari satis non potuit; per quendam eorum qui interfuerant fit Epicrates cer-

wie sie überzeugt sind, durch sein Treiben völlig zugrunde gerichtet worden sind. Ein prachtvolles Verres-Fest! Wohin, möchte ich gern wissen, bist du denn gekommen, ohne daß du diesen Tag dorthin mitgebracht hättest? Denn welches Haus, welche Stadt hast du betreten, welchen Tempel endlich, den du nicht ausgefegt und ausgekehrt[83] hinterlassen hättest? Deshalb mag man das ruhig ein Verres-Fest nennen, was man nicht nur nach deinem Namen, sondern auch wegen deiner Hände und deines Wesens gestiftet zu haben scheint.

22 (53) Wie leicht Unrecht und Gewöhnung an Frevel um sich greift, wie schwer sie zu unterdrücken sind, könnt ihr nun sehen, ihr Richter. Bidis ist eine ganz unbedeutende Stadt, nicht weit von Syrakus entfernt.[84] In dieser Gemeinde ist der weitaus bedeutendste Mann ein gewisser Epikrates. Dem war eine Erbschaft von 500000 Sesterzen von einer Verwandten zugefallen, und zwar von einer Frau, die so nahe mit ihm verwandt war, daß Epikrates, auch wenn sie ohne Testament gestorben wäre, nach den Gesetzen der Bidiner ihr Erbe hätte sein müssen. Noch frisch war der Fall, den ich vorhin geschildert habe, die Sache mit dem Syrakusaner Heraclius, der sein Hab und Gut nicht verloren hätte, wenn ihm nicht eine Erbschaft zugefallen wäre. Auch diesem Epikrates war, wie gesagt, eine Erbschaft zugefallen. (54) Seine Feinde verfielen auf den Gedanken, er könne unter demselben Prätor ebenso um sein Hab und Gut gebracht werden, wie Heraclius darum gebracht worden sei. Heimlich nehmen sie die Sache in Angriff; Verres teilen sie sie durch seine Unterhändler mit. Man kommt dahin überein, daß die Ringer von Bidis ebenso die Erbschaft von Epikrates fordern sollten, wie die Ringer von Syrakus sie von Heraclius gefordert hatten. Noch niemals habt ihr einen so ringerfreundlichen Prätor gesehen. Doch er nahm sich so der Ringer an, daß er selbst fetter von ihnen wegging.[85] Damit auch etwas Bargeld da sei, befiehlt er sofort, einem seiner Freunde 80000 Sesterzen auszuzahlen. (55) Die Sache ließ sich nicht genügend geheimhalten; durch einen der Leute, die dabei gewesen waren, wird Epikrates

tior. Primo contemnere et neglegere coepit, quod causa prorsus quod disputari posset nihil habebat. Deinde cum de Heraclio cogitaret et istius libidinem nosset, commodissimum putavit esse de provincia clam abire; itaque fecit; profectus est Regium. **23** Quod ubi auditum est, aestuare illi qui pecuniam dederant, putare nihil agi posse absente Epicrate; nam Heraclius tamen adfuerat, cum primo sunt dati iudices; de hoc qui, antequam aditum in ius esset, antequam mentio denique controversiae facta esset ulla, discessisset, putabant nihil agi posse. Homines Regium proficiscuntur; Epicratem conveniunt; demonstrant, id quod ille sciebat, se HS LXXX dedisse; rogant eum ut sibi id quod ab ipsis abisset pecuniae curet, ab sese caveat quem ad modum velit, de illa hereditate cum Epicrate neminem esse acturum. (56) Epicrates homines multis verbis ab se male acceptos dimittit; redeunt illi Regio Syracusas, queri cum multis, ut fit, incipiunt se HS LXXX nummum frustra dedisse. Res percrebruit et in ore atque sermone omnium coepit esse. Verres refert illam suam Syracusanam; ait se velle de illis HS LXXX cognoscere; advocat multos. Dicunt Bidini Volcatio se dedisse; illud non addunt, 'iussu istius.' Volcatium vocat, pecuniam referri imperat. Volcatius animo aequissimo nummos adfert, qui nihil amitteret, reddit inspectantibus multis: Bidini nummos auferunt. (57) Dicet aliquis, 'Quid ergo in hoc Verrem reprehendis, qui non modo ipse fur non est, sed ne alium quidem passus est esse?' Atten-

unterrichtet. Der nahm es zunächst gelassen hin und kümmerte sich nicht darum, weil an seiner Sache durchaus nichts war, das sich anfechten ließe. Doch dann, als er an Heraclius dachte und sich über die hemmungslose Gier des Verres klar wurde, hielt er es für das zweckmäßigste, heimlich aus der Provinz wegzugehen. Und so tat er es; er begab sich nach Regium.[86] **23** Als sich dies herumsprach, da gerieten die Leute in Unruhe, die das Geld gezahlt hatten; sie glaubten, man könne nichts unternehmen, wenn Epikrates abwesend sei. Denn Heraclius war immerhin anwesend gewesen, als zum ersten Male die Richter bestellt wurden; doch gegen diesen Mann, meinten sie, könne man nichts unternehmen, da er sich davongemacht habe, bevor man vor Gericht gegangen sei, bevor überhaupt von einem Rechtsstreit die Rede war. Die Leute reisen nach Regium, treffen sich mit Epikrates und eröffnen ihm, was er schon wußte, daß sie 80000 Sesterzen gezahlt hätten; sie bitten ihn, ihnen den Geldbetrag zu ersetzen, den sie losgeworden seien; von ihnen könne er Sicherheit haben, in welcher Form er wolle, daß wegen der Erbschaft niemand gegen ihn prozessieren werde. (56) Epikrates bedenkt die Leute mit vielen unfreundlichen Worten und schickt sie wieder weg. Sie kehren von Regium nach Syrakus zurück und beginnen, wie es so zu geschehen pflegt, bei vielen zu klagen, sie hätten ihre 80000 Sesterzen umsonst ausgegeben. Die Sache wurde ruchbar und fing an, in aller Munde und Gesprächen ein Hauptgegenstand zu sein. Verres wiederholt seinen syrakusanischen Theatercoup;[87] er sagt, er wolle wegen der 80000 Sesterzen eine Untersuchung vornehmen; er lädt viele Leute vor. Die Bidiner erklären, sie hätten den Geldbetrag dem Volcatius ausgezahlt, setzen aber nicht hinzu: auf Befehl des Verres. Er ruft Volcatius; er befiehlt ihm, das Geld zurückzuerstatten. Volcatius bringt mit der größten Gelassenheit das Geld, da er ja nichts dabei verlor; er gibt es in Gegenwart vieler Augenzeugen zurück; die Bidiner machen sich mit dem Geld davon. (57) Dazu wird mancher sagen: »Was rügst du denn hier an Verres? Er ist ja nicht nur selbst kein Dieb, sondern hat es nicht einmal bei einem anderen

dite; iam intellegetis hanc pecuniam, quae via modo visa est exire ab isto, eodem semita revertisse. Quid enim debuit praetor facere, cum consilio re cognita cum comperisset suum comitem iuris decreti iudici corrumpendi causa, – qua in re ipsius praetoris caput existimatioque ageretur, – pecuniam accepisse, Bidinos autem pecuniam contra praetoris famam ac fortunas dedisse? non et in eum qui accepisset animadvertisset et in eos qui dedissent? Tu, qui institueras in eos animadvertere qui perperam iudicassent, – quod saepe per imprudentiam fit, – hos pateris impune discedere qui ob tuum decretum, ob tuum iudicium pecuniam aut dandam aut accipiendam putarant? **24** (58) Volcatius idem apud te postea fuit, eques Romanus, tanta accepta ignominia; nam quid est turpius ingenuo, quid minus libero dignum quam in conventu maximo cogi a magistratu furtum reddere? qui si eo animo esset quo non modo eques Romanus, sed quivis liber debet esse, aspicere te postea non potuisset; inimicus, hostis esset tanta contumelia accepta, nisi tecum tum conlusisset et tuae potius existimationi servisset quam suae. Qui quam tibi amicus non modo tum fuerit quam diu tecum in provincia fuit, verum etiam nunc sit cum iam a ceteris amicis relictus es, et tu intellegis et nos existimare possumus. An hoc solum argumentum est nihil isto imprudente factum, quod Volcatius ei non succensuit? quod iste neque in Volcatium neque in Bidinos animadvertit? (59) Est magnum argumentum, verum

zugelassen.« Gebt nur acht; ihr werdet bald erkennen, daß dieses Geld, das eben erst auf der Landstraße von ihm wegzugehen schien, auf einem schmalen Fußweg zu ihm zurückkehrte. Denn was hätte ein Prätor tun müssen, nachdem er mit seinem Beirat die Sache untersucht und herausgefunden hatte, daß ein Mitglied seines Stabes, um Recht, amtliche Verordnung und Gerichtsentscheidung zu untergraben (und hierbei stand auch die Person und der Ruf des Prätors auf dem Spiel), Geld angenommen, die Bidiner aber zum Schaden für des Prätors Ruf und Stellung Geld gezahlt hatten? Hätte er nicht sowohl den, der das Geld angenommen, als auch die, die es gegeben hatten, bestrafen müssen? Du, der du dich entschlossen hattest, gegen die vorzugehen, die ein falsches Urteil gefällt hätten,[88] was ja oft unabsichtlich geschieht, du läßt die ungestraft davonkommen, die um deiner Entscheidung, um deines Urteils willen Geld zahlen oder annehmen zu müssen glaubten? **24** (58) Derselbe Volcatius, ein römischer Ritter, befand sich auch danach noch bei dir, obwohl er eine solche Kränkung erlitten hatte. Denn was ist schimpflicher für einen Mann von Stand, was eines Freien weniger würdig, als vor zahlreich versammelten Menschen von einem Vorgesetzten gezwungen zu werden, gestohlenes Gut herauszugeben? Denn wenn er die innere Einstellung hätte, die nicht nur ein römischer Ritter, sondern jeder freie Mann haben muß, dann hätte er dich daraufhin nicht mehr anblikken können; er wäre dein Widersacher und Feind, nachdem er eine solche Kränkung erlitten, wenn er damals nicht mit dir gemeinsame Sache gemacht und mehr auf deinen als auf seinen Ruf bedacht gewesen wäre. Wie freundschaftlich verbunden er dir aber nicht nur damals war, als er mit dir zusammen in der Provinz weilte, sondern es auch jetzt noch ist, da dich die übrigen Freunde schon verlassen haben, das weißt du genau so gut, wie wir es vermuten können. Ist das etwa der einzige Hinweis dafür, daß nichts ohne Wissen des Verres geschah, wenn Volcatius ihm nicht zürnte, wenn er weder Volcatius noch die Bidiner bestrafte? (59) Das ist zwar ein wichtiger Hinweis, aber der wichtigste ist der, daß er ausge-

illud maximum, quod illis ipsis Bidinis, quibus iste iratus esse debuit, a quibus comperit, quod iure agere cum Epicrate nihil possent, etiamsi adesset, idcirco suum decretum pecunia esse temptatum: iis, inquam, ipsis non modo illam hereditatem quae Epicrati venerat, sed, ut in Heraclio Syracusano, item in hoc, – paulo etiam atrocius, quod Epicrates appellatus omnino non erat, – bona patria fortunasque eius Bidinis tradidit. Ostendit enim novo modo, si quis quid de absente peteret, se auditurum. Adeunt Bidini, petunt hereditatem; procuratores postulant ut se ad leges suas reiciat aut ex lege Rupilia dicam scribi iubeat. Adversarii non audebant contra dicere: exitus nullus reperiebatur. Insimulant hominem fraudandi causa discessisse; postulant ut bona possidere iubeat. (60) Debebat Epicrates nummum nullum nemini; amici, si quis quid peteret, iudicio se passuros, iudicatum solvi satis daturos esse dicebant. **25** Cum omnia consilia frigerent, admonitu istius insimulare coeperunt Epicratem litteras publicas corrupisse, a qua suspicione ille aberat plurimum: actionem eius rei postulant. Amici recusare ne quod iudicium neve ipsius cognitio illo absente de existimatione eius constitueretur, et simul illud idem postulare non desistebant ut se ad leges suas reiceret. (61) Iste amplam nactus, ubi videt esse aliquid quod amici absente Epicrate nollent defendere, adse-

rechnet den Bidinern, über die er erbost sein mußte, von denen er erfuhr, daß man deshalb auf seine Entscheidung mit Geld einzuwirken versucht habe, weil man auf dem Rechtswege nichts gegen Epikrates unternehmen könnte, auch wenn er anwesend wäre – daß er ausgerechnet diesen Leuten, sage ich, nicht nur die Erbschaft, die Epikrates zugefallen war, sondern ebenso, wie bei dem Syrakusaner Heraclius (nur noch etwas brutaler, weil Epikrates überhaupt nicht vorgeladen war), auch dessen väterliches Eigentum und Vermögen zusprach. Er gibt nämlich auf eine bis dahin nie dagewesene Weise zu verstehen, daß er jeden, der irgendwelche Forderungen gegen einen Abwesenden habe, anhören werde. Die Bidiner erscheinen, sie fordern die Erbschaft. Die Bevollmächtigten des Epikrates verlangen, Verres solle die Parteien an ihre einheimischen Gesetze verweisen oder anordnen, daß man nach dem Rupilischen Gesetz eine Klageschrift einreiche. Die Gegner wagten nicht, dagegen etwas einzuwenden; man fand keinen Ausweg. Dann bezichtigen sie den Mann, er habe sich in betrügerischer Absicht davongemacht; sie fordern, Verres solle ihnen den Besitz des Vermögens zuerkennen. (60) Epikrates schuldete niemandem auch nur einen Heller; seine Freunde erklärten, wenn jemand eine Forderung habe, so würden sie dieser auf Grund eines gerichtlichen Urteils nachkommen, sie seien bereit, für die Bezahlung der durch Gerichtsurteil festgesetzten Schuldsumme Sicherheit zu leisten.[89] **25** Als alle Intrigen fehlschlugen, begannen die Bidiner auf Anregung des Verres den Epikrates zu bezichtigen, er habe öffentliche Urkunden gefälscht, ein Verdacht, dem niemand ferner stand als er. Sie verlangen eine gerichtliche Untersuchung dieser Angelegenheit. Die Freunde protestierten dagegen, daß in seiner Abwesenheit ein Gerichtsverfahren, eine von Verres geleitete Untersuchung stattfinde, die seinen Ruf betreffe, und beharrten zugleich auf derselben Forderung wie früher, Verres möge die Parteien an ihre einheimischen Gesetze verweisen. (61) Verres hat nun eine Handhabe gefunden; denn als er sieht, daß es etwas gibt, wogegen die Freunde den Epikrates in seiner Abwesenheit

verat se eius rei in primis actionem daturum. Cum omnes perspicerent ad istum non modo illos nummos qui per simulationem ab isto exierant revertisse, sed multo etiam pluris eum postea nummos abstulisse, amici Epicratem defendere destiterunt, iste Epicratis bona Bidinos omnia possidere et sibi habere iussit. Ad illa HS $\overline{\text{D}}$ hereditaria accessit ipsius antiqua HS quindeciens pecunia. Utrum res ab initio ita ducta est an ad extremum ita perducta, an ita parva est pecunia, an is homo Verres ut haec quae dixi gratiis facta esse videantur?
(62) Hic nunc de miseria Siculorum, iudices, audite. Et Heraclius ille Syracusanus et hic Bidinus Epicrates expulsi bonis omnibus Romam venerunt; sordidati, maxima barba et capillo, Romae biennium prope fuerunt, quoad L. Metellus in provinciam profectus est; tum isti bene commendati cum Metello una proficiscuntur. Metellus, simul ac venit Syracusas, utrumque rescidit, et de Epicrate et de Heraclio. In utriusque bonis nihil erat quod restitui posset, nisi si quid moveri loco non potuerat. **26** (63) Fecerat hoc egregie primo adventu Metellus, ut omnis istius iniurias, quas modo posset, rescinderet et inritas faceret. Quod Heraclium restitui iusserat ac non restituebatur, quisquis erat eductus senator Syracusanus ab Heraclio, duci iubebat; itaque permulti ducti sunt. Epicrates quidem continuo est restitutus. Alia iudicia Lilybaei, alia Agrigenti, alia Panhormi restituta sunt. Census qui isto praetore sunt habiti non servaturum se Metellus ostende-

nicht verteidigen wollen, versichert er, er werde in dieser Sache zuallererst eine Klage zulassen. Als alle deutlich erkannten, daß an Verres nicht nur das Geld, von dem er sich zum Schein getrennt hatte, zurückgeflossen war, sondern daß er danach noch viel mehr Geld erhalten habe,[90] nahmen die Freunde davon Abstand, Epikrates zu verteidigen; Verres aber ordnete an, daß die Bidiner das gesamte Hab und Gut des Epikrates in Besitz nehmen und für sich behalten sollten. Zu den ererbten 500000 Sesterzen kam noch sein früheres Vermögen im Werte von anderthalb Millionen Sesterzen hinzu. Wurde die Sache von Anfang an so aufgezogen oder wurde sie erst am Ende so gelenkt, oder ist die Geldsumme so klein, oder ist Verres ein Mann, von dem man annehmen könnte, er habe das, was ich beschrieben habe, umsonst getan?

(62) Hört jetzt von dem Elend dieser Sizilier, ihr Richter. Der Syrakusaner Heraclius sowie der Bidiner Epikrates kamen, von ihrem gesamten Hab und Gut vertrieben, nach Rom; in Trauerkleidung, mit langem Bart und Haar, blieben sie, bis L. Metellus in die Provinz abreiste, fast zwei Jahre in Rom; dann reisen auch sie, ihm warm empfohlen, zugleich mit Metellus ab. Metellus hob, sobald er nach Syrakus kam, beide Entscheidungen auf, sowohl die gegen Epikrates wie auch die gegen Heraclius. Von beider Vermögen war nichts mehr vorhanden, was hätte zurückerstattet werden können, außer dem, was sich nicht hatte von der Stelle bewegen lassen.

26 (63) Metellus tat gleich bei seiner Ankunft ausgezeichnet daran, daß er alle widerrechtlichen Maßnahmen des Verres, soweit er konnte, aufhob und für ungültig erklärte. Er hatte angeordnet, Heraclius wieder in seine Rechte einzusetzen, doch er wurde nicht wiedereingesetzt; daher ließ Metellus jeden Ratsherrn von Syrakus, der ihm von Heraclius vorgeführt wurde, abführen; und so wurden sehr viele abgeführt. Epikrates aber wurde sofort wieder in seine alten Rechte eingesetzt. Einige Urteile wurden in Lilybaeum, andere in Agrigent, wieder andere in Panormos aufgehoben. Daß er an den Steuerschätzungen, die während der Prätur des Verres statt-

rat; decumas quas iste contra legem Hieronicam vendiderat sese venditurum Hieronica lege edixerat. Omnia erant Metelli eius modi ut non tam suam praeturam gerere quam istius praeturam retexere videretur. Simul atque ego in Siciliam veni, mutatus est. (64) Venerat ad eum illo biduo Laetilius quidam, homo non alienus a litteris; itaque eo iste tabellario semper usus est. Is epistulas compluris attulerat, in his unam domo quae totum mutarat hominem. Repente coepit dicere se omnia Verris causa velle; sibi cum eo amicitiam cognationemque esse. Mirabantur omnes hoc ei tum denique in mentem venisse, posteaquam tam multis eum factis decretisque iugulasset. Erant qui putarent Laetilium legatum a Verre venisse, qui gratiam amicitiam cognationemque commemoraret. Ex illo tempore a civitatibus laudationes petere, testis non solum deterrere verbis, sed etiam vi retinere coepit. Quod nisi ego meo adventu illius conatus aliquantum repressissem, et apud Siculos non Metelli, sed Glabrionis litteris ac lege pugnassem, tam multos testis huc evocare non potuissem. **27** (65) Verum, quod institui dicere, miserias cognoscite sociorum. Heraclius ille et Epicrates longe mihi obviam cum suis omnibus processerunt, venienti Syracusas egerunt gratias flentes, Romam mecum decedere cupiverunt. Quod erant oppida mihi complura etiam reliqua quae adire vellem, constitui cum hominibus quo die mihi Messanae praesto essent. Eo mihi nuntium miserunt se a praetore retineri. Quibus ego testimo-

gefunden hatten, nicht festhalten wolle,[91] hatte Metellus schon angekündigt. Er hatte auch bekanntgegeben, daß er die Zehntsteuer, die Verres entgegen den Bestimmungen des Hieronischen Gesetzes verpachtet hatte, dem Hieronischen Gesetz gemäß verpachten werde.[92] Alle Maßnahmen des Metellus waren derart, daß er nicht so sehr seine Prätur zu verwalten als die Prätur des Verres zu entwirren schien. Doch sobald ich in Sizilien ankam, änderte er sich. (64) Zu ihm war zwei Tage zuvor ein gewisser Laetilius gekommen, ein in Schriftstücken nicht unbewanderter Mann; daher benutzte Verres ihn immer als Briefboten. Der hatte mehrere Briefe überbracht, darunter einen von Zuhause, der Metellus völlig verändert hatte. Plötzlich begann er zu erklären, er wolle alles für Verres tun; er sei mit ihm durch Freundschaft und Verwandtschaft verbunden.[93] Alle wunderten sich, daß ihm dies erst jetzt eingefallen sei, nachdem er Verres durch so viele Maßnahmen und Entscheidungen vernichtend getroffen hatte. Einige glaubten, Laetilius sei als Bote von Verres gekommen, um ihn an seine Gunst, Freundschaft und Verwandtschaft zu erinnern. Von der Zeit an begann er, die Gemeinden um lobende Erklärungen zu ersuchen, die Zeugen nicht nur mit Worten einzuschüchtern, sondern auch mit Gewalt zurückzuhalten. Hätte ich nun durch meine Ankunft seine Bemühungen nicht beträchtlich eingeschränkt und bei den Siziliern nicht mit des Metellus, sondern des Glabrio Vollmacht und mit dem Gesetz gekämpft,[94] wäre ich nicht imstande gewesen, so viele Zeugen hierher vorzuladen.
27 (65) Doch wovon ich schon begonnen habe zu sprechen, hört jetzt wieder: von dem Elend unserer Verbündeten. Heraclius und Epikrates zogen mir mit allen ihren Angehörigen eine weite Strecke entgegen; als ich nach Syrakus kam, dankten sie mir unter Tränen und äußerten den Wunsch, mit mir nach Rom zu gehen. Weil mir noch mehrere Städte blieben, die ich aufsuchen wollte, vereinbarte ich mit ihnen einen Tag, an dem sie sich bei mir in Messana einstellen sollten. Dorthin sandten sie mir die Nachricht, sie würden vom Prätor zurückgehalten. Diese Männer, die ich zur Zeu-

nium denuntiavi, quorum edidi nomina Metello, cupidissimi veniendi, maximis iniuriis adfecti, adhuc non venerunt. Hoc iure sunt socii ut iis ne deplorare quidem de suis incommodis liceat.

(66) Iam Heraclii Centuripini, optimi nobilissimique adulescentis, testimonium audistis; a quo HS $\overline{\text{c}}$ per calumniam malitiamque petita sunt. Iste poenis compromissisque interpositis HS $\overline{\text{cccc}}$ extorquenda curavit, quodque iudicium secundum Heraclium de compromisso factum erat, cum civis Centuripinus inter duos civis diiudicasset, id inritum iussit esse eumque iudicem falsum iudicasse iudicavit; in senatu esse, locis commodisque publicis uti vetuit; si quis eum pulsasset, edixit sese iudicium iniuriarum non daturum; quicquid ab eo peteretur, iudicem de sua cohorte daturum, ipsi autem nullius actionem rei se daturum. (67) Quae istius auctoritas tantum valuit ut neque illum pulsaret quisquam, cum praetor in provincia sua verbo permitteret, re hortaretur, neque quisquam ab eo quicquam peteret, cum iste calumniae licentiam sua auctoritate ostendisset; ignominia autem illa gravis tam diu in illo homine fuit, quam diu iste in provincia mansit. Hoc iniecto metu iudicibus novo more, nullo exemplo, ecquam rem putatis esse in Sicilia nisi ad nutum istius iudicatam? Utrum id solum videtur esse actum, quod est tamen actum, ut haec Heraclio pecunia eriperetur, an etiam illud, in quo praeda erat maxima, ut nomine iudiciorum

genaussage aufgefordert, deren Namen ich dem Metellus angegeben habe, die dringend zu kommen wünschten, die das schlimmste Unrecht erfahren hatten, sind bis jetzt noch nicht eingetroffen. So sieht es mit dem Recht unserer Verbündeten aus, daß sie nicht einmal über ihre Leiden klagen dürfen.

(66) Ihr habt bereits die Zeugenaussage des Heraclius von Centuripae[95], eines vorzüglichen und hochangesehenen jungen Mannes, gehört; der wurde durch eine böswillige Intrige auf eine Forderung von 100000 Sesterzen verklagt. Verres ließ mit Hilfe von Vertragsstrafen und Schiedsgerichtsvereinbarungen[96] 400000 Sesterzen von ihm erpressen und den Schiedsspruch, der zugunsten des Heraclius im Einklang mit der Vereinbarung gefällt war, erklärte er für ungültig, obwohl doch ein Bürger von Centuripae den Streit zwischen zwei Mitbürgern entschieden hatte, und befand, daß dieser Richter ein falsches Urteil gefällt habe; er verbot ihm, im Gemeinderat zu erscheinen sowie die öffentlichen Stätten und allgemeinen Vergünstigungen in Anspruch zu nehmen; wenn jemand ihn schlage, so werde er, gab er bekannt, kein gerichtliches Verfahren wegen Gewalttätigkeit zulassen; für jede Forderung, die man gegen ihn erhebe, werde er einen Richter aus seinem Gefolge bestellen, ihm selbst aber in keiner Sache ein Klagerecht gewähren. (67) Indes, seine Erklärung vermochte so wenig, daß weder jemand den Mann schlug, obwohl der Prätor in seiner Provinz es ausdrücklich erlaubte, der Sache nach sogar dazu ermunterte, noch jemand eine Klage gegen ihn anstrengte, obwohl Verres durch seine Erklärung zu verstehen gegeben hatte, daß er auch für Rechtsverdrehungen freie Hand lasse. Die schwere Schmach aber lastete so lange auf dem Manne, wie Verres in der Provinz blieb. Nachdem er den Richtern in einer unerhörten, beispiellosen Weise solche Furcht eingeflößt hatte, glaubt ihr da, daß noch irgendeine Sache in Sizilien anders als nach seinem Wink entschieden worden sei? Soll man glauben, es sei nur darum gegangen (freilich ging es auch darum), daß dem Heraclius das Geld entrissen wurde, oder auch darum, wobei die Beute am größ-

omnium bona atque fortunae in istius unius essent potestatem?

28 (68) Iam vero in rerum capitalium quaestionibus quid ego unam quamque rem colligam et causam? Ex multis similibus ea sumam quae maxime improbitate excellere videbuntur. Sopater quidam fuit Halicyensis, homo domi suae cum primis locuples atque honestus; is ab inimicis suis apud C. Sacerdotem praetorem rei capitalis cum accusatus esset, facile eo iudicio est liberatus. Huic eidem Sopatro idem inimici ad C. Verrem, cum is Sacerdoti successisset, eiusdem rei nomen detulerunt. Res Sopatro facilis videbatur, et quod erat innocens et quod Sacerdotis iudicium improbare istum ausurum non arbitrabatur. Citatur reus; causa agitur Syracusis; crimina tractantur ab accusatore ea quae erant antea non solum defensione, verum etiam iudicio dissoluta. (69) Causam Sopatri defendebat Q. Minucius, eques Romanus in primis splendidus atque honestus, vobisque, iudices, non ignotus. Nihil erat in causa quod metuendum aut omnino quod dubitandum videretur. Interea istius libertus et accensus Timarchides, qui est, id quod ex plurimis testibus priore actione didicistis, rerum huiusce modi omnium transactor et administer, ad Sopatrum venit; monet hominem ne nimis iudicio Sacerdotis et causae suae confidat; accusatores inimicosque eius habere in animo pecuniam praetori dare; praetorem tamen ob salutem malle accipere, et simul malle, si fieri posset, rem iudicatam non rescindere. Sopater, cum hoc illi improvisum atque inopinatum accidisset, commotus est sane neque in praesentia Timarchidi quid responderet habuit, nisi se consideraturum

ten war, daß im Namen der Gerichte aller Eigentum und Vermögen in die Gewalt dieses einen käme?

28 (68) Doch nun zu den Prozessen wegen Kapitalverbrechen: was soll ich da jeden einzelnen Sachverhalt und Fall schildern? Aus vielen ähnlichen will ich nur die auswählen, die besonders durch ihre Unverfrorenheit hervorstechen. In Halikyai[97] gab es einen gewissen Sopatros, ein in seinem Heimatort äußerst wohlhabender und angesehener Mann. Er war von seinen Feinden bei dem Prätor C. Sacerdos[98] wegen eines Kapitalverbrechens angeklagt worden, wurde aber ohne Schwierigkeiten in diesem Verfahren freigesprochen. Diesen selben Sopatros klagten dieselben Feinde wegen derselben Sache bei C. Verres an, als er die Nachfolge des Sacerdos angetreten hatte. Sopatros nahm die Sache leicht, einmal weil er unschuldig war, andererseits weil er sich nicht vorstellen konnte, daß Verres es wagen werde, das Urteil des Sacerdos umzustoßen. Er wird als Angeklagter vorgeladen; die Verhandlung findet in Syrakus statt. Der Ankläger bringt die Anschuldigungen vor, die vorher nicht nur durch die Verteidigung, sondern auch durch das Urteil entkräftet worden waren. (69) Sopatros wurde von dem römischen Ritter Q. Minucius verteidigt, einem sehr angesehenen und geachteten Manne, der euch, ihr Richter, nicht unbekannt ist. An der Sache war nichts, was zu Befürchtungen oder überhaupt nur zu Zweifeln Anlaß zu geben schien. Bei Sopatros erscheint inzwischen Timarchides, ein Freigelassener und Amtsdiener des Verres, der, wie ihr schon in der ersten Verhandlung von sehr vielen Zeugen vernommen habt, in allen Fällen dieser Art der Vermittler und Helfershelfer ist; er warnt den Mann, er solle sich nicht zu sehr auf das Urteil des Sacerdos und auf seine Sache verlassen; seine Ankläger und Feinde beabsichtigten, dem Prätor Geld zu geben; der Prätor wolle jedoch lieber etwas erhalten, um ihn zu retten, und zugleich ziehe er es vor, wenn es sich machen lasse, ein ergangenes Urteil nicht umzustoßen. Sopatros, dem dieses Ansinnen unvorhergesehen und unerwartet kam, erregte sich sehr, und er wußte für den Augenblick nicht, was er Timarchides antworten sollte; er

quid sibi esset faciendum, et simul ostendit se in summa difficultate esse nummaria. Post ad amicos rettulit; qui cum ei fuissent auctores redimendae salutis, ad Timarchidem venit. Expositis suis difficultatibus hominem ad HS LXXX perducit, eamque ei pecuniam numerat. **29** (70) Posteaquam ad causam dicendam ventum est, tum vero sine metu sine cura omnes erant qui Sopatrum defendebant. Crimen nullum erat, res erat iudicata, Verres nummos acceperat: quis posset dubitare quidnam esset futurum? Res illo die non peroratur, iudicium dimittitur. Iterum ad Sopatrum Timarchides venit, ait accusatores eius multo maiorem pecuniam praetori polliceri quam quantam hic dedisset; proinde, si saperet, videret quid sibi esset faciendum. Homo, quamquam erat et Siculus et reus, hoc est et iure iniquo et tempore adverso, ferre tamen atque audire diutius Timarchidem non potuit. 'Facite,' inquit, 'quod libet; daturus non sum amplius.' Idemque hoc amicis eius et defensoribus videbatur, atque eo etiam magis quod iste, quoquo modo se in ea quaestione praebebat, tamen in consilio habebat homines honestos e conventu Syracusano, qui Sacerdoti quoque in consilio fuerant tum cum est idem hic Sopater absolutus. Hoc rationis habebant, facere eos nullo modo posse ut eodem crimine eisdem testibus Sopatrum condemnarent idem homines qui antea absolvissent. Itaque hac una spe ad iudicium venitur. (71) Quo posteaquam est ventum, cum in consilium frequentes convenissent idem qui solebant, et hac una spe tota defensio Sopatri niteretur, consili

sagte nur, er wolle sich überlegen, was er tun solle, und zugleich wies er darauf hin, daß er sich in den größten Geldschwierigkeiten befinde. Dann berichtete er seinen Freunden davon. Als die ihm rieten, er solle sich seine Rettung erkaufen, begab er sich zu Timarchides. Er setzt ihm seine Schwierigkeiten auseinander und bringt den Mann dazu, sich mit 80000 Sesterzen zufriedenzugeben und zahlt ihm diesen Betrag aus. **29** (70) Als es zur Behandlung des Falles kam, da waren alle, die Sopatros verteidigten, erst recht ohne Angst und ohne Besorgnis. Die Beschuldigung war in keiner Weise stichhaltig; die Sache war entschieden; Verres hatte Geld erhalten: wer konnte da noch zweifeln, was denn dabei herauskommen würde? Die Sache wird an diesem Tage nicht zu Ende verhandelt; das Gericht wird entlassen. Zum zweiten Mal erscheint Timarchides bei Sopatros; er erklärt, seine Ankläger versprächen dem Prätor eine viel größere Geldsumme, als er gegeben habe; er möge daher, wenn er verständig sei, sich darüber klar werden, was er zu tun habe. Der Mann war zwar ein Sizilier, und er war Angeklagter, das heißt er war minderen Rechts und in einer ungünstigen Lage; gleichwohl konnte er Timarchides nicht länger ertragen und anhören. »Tut, was euch beliebt«, sagte er, »ich bin nicht bereit, mehr zu geben.« Diese Haltung billigten auch seine Freunde und Verteidiger, und zwar um so mehr, als Verres, wie er sich auch bei dieser Untersuchung benehmen mochte, immerhin in seinem Beirat ehrenwerte Männer aus dem syrakusanischen Bürgerverband[99] hatte, die auch damals, als eben dieser Sopatros freigesprochen wurde, zum Beirat des Sacerdos gehört hatten. Als Begründung führten sie an, daß diese Männer es sich auf keinen Fall leisten könnten, wegen desselben Vorwurfes und mit denselben Zeugen den Sopatros zu verurteilen, dieselben Männer, die ihn vorher freigesprochen hätten! Und so kommt man denn mit dieser einzigen Hoffnung zum Gericht. (71) Als man dort angekommen war und auch die üblichen Leute für den Beirat zahlreich erschienen waren, ruhte die ganze Verteidigung des Sopatros allein auf dieser Hoffnung, auf der starken Besetzung und dem Anse-

frequentia et dignitate, et quod erant, ut dixi, idem qui antea Sopatrum eodem illo crimine liberarant, cognoscite hominis apertam ac non modo non ratione, sed ne dissimulatione quidem tectam improbitatem et audaciam. M. Petilium, equitem Romanum, quem habebat in consilio, iubet operam dare, quod rei privatae iudex esset. Petilius recusabat, quod suos amicos, quos sibi in consilio esse vellet, ipse Verres retineret in consilio. Iste homo liberalis negat se quemquam retinere eorum qui Petilio vellent adesse. Itaque discedunt omnes; nam ceteri quoque impetrant ne retineantur; qui se velle dicebant alterutri eorum qui tum illud iudicium habebant adesse. Itaque iste solus cum sua cohorte nequissima relinquitur. (72) Non dubitabat Minucius, qui Sopatrum defendebat, quin iste, quoniam consilium dimisisset, illo die rem illam quaesiturus non esset, cum repente iubetur dicere. Respondet, 'Ad quos?' 'Ad me,' inquit, 'si tibi idoneus videor qui de homine Siculo ac Graeculo iudicem.' 'Idoneus es,' inquit, 'sed pervellem adessent ii qui adfuerant antea causamque cognorant.' 'Dic,' inquit; 'illi adesse non possunt.' 'Nam hercule,' inquit Minucius, 'me quoque Petilius ut sibi in consilio adessem rogavit', (73) et simul a subselliis abire coepit. Iste iratus hominem verbis vehementioribus prosequitur, atque ei gravius etiam minari coepit quod in se tantum crimen invidiamque conflaret. **30** Minucius, qui Syracusis sic negotiaretur ut sui iuris dignitatisque meminisset, et qui sciret se ita in provincia rem augere oportere ut ne quid de libertate deperderet, homini quae visa sunt, et quae tempus illud tulit et

hen des Beirates, sowie darauf, daß es, wie gesagt, dieselben waren, die vorher den Sopatros von derselben Beschuldigung freigesprochen hatten. Doch richtet nun euer Augenmerk auf die offene und, ich will nicht sagen durch kluge Berechnung, sondern nicht einmal durch Verschleierung verhüllte Gewissenlosigkeit und Frechheit dieses Menschen. Er hatte den römischen Ritter M. Petilius in seinem Beirat; den fordert er auf, seines Amtes zu walten; er sei ja Richter in einer Privatsache.[100] Petilius lehnte ab, weil seine Freunde, die er in seinem Beirat haben wollte, von Verres selbst im eigenen Beirat zurückgehalten würden. Der großzügige Mann erklärt, er wolle niemanden von den Leuten zurückhalten, die Petilius zur Seite stehen wollten. So entfernen sich denn alle; denn auch die übrigen[101] erreichen ihre Freigabe, indem sie erklärten, sie wollten einer der beiden Parteien, die damals jenen Prozeß führten, beistehen. So bleibt denn allein Verres mit seinem nichtsnutzigen Gefolge zurück. (72) Es gab für Minucius, der Sopatros verteidigte, nicht den geringsten Zweifel, daß Verres an diesem Tage die Sache nicht untersuchen werde, da er ja seinen Beirat entlassen habe, als er plötzlich aufgefordert wird zu reden. Er antwortet: »Vor wem?« »Vor mir«, sagte Verres, »wenn du mich für fähig hältst, über einen Sizilier, ein Griechlein ein Urteil zu sprechen.« »Fähig bist du«, antwortete Minucius, »doch ich wünschte sehr, die wären zugegen, die vorher dagewesen waren und den Fall kennen.« »Rede«, sagte Verres, »die können nicht zugegen sein.« »Ach wahrhaftig«, erklärte darauf Minucius, »auch mich hat ja Petilius gebeten, Mitglied in seinem Beirat zu sein«, (73) und zugleich machte er Anstalten, die Verteidigerbank zu verlassen. Da fährt Verres ihn zornig mit recht heftigen Worten an und beginnt ihm sogar ganz ernsthaft zu drohen, weil er eine so feindselige und gehässige Stimmung gegen ihn errege. 30 Minucius, der in Syrakus seine Geschäfte so betrieb, daß er dabei sein Recht und seine Ehre nicht vergaß, und der wußte, daß er in der Provinz sein Vermögen nur soweit vermehren dürfe, als er dabei nichts von seiner Unabhängigkeit verliere, gab dem Menschen zur Antwort, was

causa, respondit, causam sese dimisso atque ablegato consilio defensurum negavit. Itaque a subselliis discessit, idemque hoc praeter Siculos ceteri Sopatri amici advocatique fecerunt. (74) Iste quamquam est incredibili importunitate et audacia, tamen subito solus destitutus pertimuit et conturbatus est; quid ageret, quo se verteret nesciebat. Si dimisisset eo tempore quaestionem, post, illis adhibitis in consilium quos ablegarat, absolutum iri Sopatrum videbat; sin autem hominem miserum atque innocentem ita condemnasset, cum ipse praetor sine consilio, reus autem sine patrono atque advocatis fuisset, iudiciumque C. Sacerdotis rescidisset, invidiam se sustinere tantam non posse arbitrabatur. Itaque aestuabat dubitatione, versabat se utramque in partem non solum mente, verum etiam corpore, ut omnes qui aderant intellegere possent in animo eius metum cum cupiditate pugnare. Erat hominum conventus maximus, summum silentium, summa exspectatio quonam esset eius cupiditas eruptura; crebro se accensus demittebat ad aurem Timarchides. (75) Tum iste aliquando 'Age dic!' inquit. Reus orare atque obsecrare ut cum consilio cognosceret. Tum repente iste testis citari iubet; dicit unus et alter breviter; nihil interrogatur; praeco DIXISSE pronuntiat. Iste, quasi metueret ne Petilius privato illo iudicio transacto aut prolato cum ceteris in consilium reverteretur, ita properans de sella exsilit, hominem innocentem a C. Sacerdote absolutum indicta causa de sententia scribae medici haruspicisque condemnat.

31 (76) Retinete, retinete hominem in civitate, iudices, par-

ihm richtig dünkte und was die Lage und die Sache erforderten; er lehnte es ab, die Verteidigung zu führen, nachdem der Beirat entlassen und weggeschickt sei. So verließ er seine Bank und dasselbe taten außer den Siziliern die übrigen Freunde und Beistände des Sopatros. (74) Verres ist zwar von unglaublicher Rücksichtslosigkeit und Frechheit, und doch geriet er, plötzlich allein gelassen, in Angst und Verwirrung. Er wußte nicht, was er tun, wohin er sich wenden sollte: wenn er jetzt die Untersuchung vertage und danach die wieder zur Beratung hinzuziehe, die er weggeschickt hatte, dann werde man, das war ihm klar, Sopatros freisprechen. Wenn er jedoch den unglücklichen und unschuldigen Mann so verurteile, während er selbst, der Prätor, ohne Beirat, der Angeklagte aber ohne Anwalt und Beistände sei, und wenn er das Urteil des C. Sacerdos umstoße, dann werde, glaubte er, die Empörung so groß sein, daß er sie nicht ertragen könne. Daher schwankte er unschlüssig hin und her, wandte sich hierhin und dorthin, nicht nur in Gedanken, sondern auch mit dem Körper, so daß alle Anwesenden erkennen konnten, wie in seinem Innern Angst und Habgier miteinander kämpften. Es war eine sehr große Menschenmenge versammelt; es herrschte tiefstes Schweigen, gespannteste Erwartung, wie seine Habgier sich äußern werde. Oft beugte sich der Amtsdiener Timarchides zu seinem Ohr hinab. (75) Da sagte er endlich: »Nun denn, sprich du!«[102] Der Angeklagte bat und beschwor ihn, die Untersuchung nur zusammen mit seinem Beirat durchzuführen. Da befiehlt Verres plötzlich, die Zeugen aufzurufen; der eine oder andere spricht nur kurz; man stellt keine Fragen; der Ausrufer verkündet: »Die Parteien haben gesprochen.«[103] Verres fürchtete scheinbar, Petilius könnte, wenn er das privatrechtliche Verfahren beendet oder verschoben habe, mit den anderen zur Beratung zurückkehren, so jählings sprang er von seinem Sessel auf; den unschuldigen und von C. Sacerdos freigesprochenen Mann verurteilt er ohne Anhörung nach dem Befinden seines Schreibers, seines Arztes und seines Opferschauers.

31 (76) Erhaltet, erhaltet diesen Mann für den Staat, ihr Rich-

cite et conservate, ut sit qui vobiscum res iudicet, qui in senatu sine ulla cupiditate de bello et pace sententiam ferat. Tametsi minus id quidem nobis, minus populo Romano laborandum est, qualis istius in senatu sententia futura sit. Quae enim eius auctoritas erit? quando iste sententiam dicere audebit aut poterit? quando autem homo tantae luxuriae atque desidiae nisi Februario mense aspirabit in curiam? Verum veniat sane, decernat bellum Cretensibus, liberet Byzantios, regem appellet Ptolomaeum, quae vult Hortensius omnia dicat et sentiat; minus haec ad nos, minus ad vitae nostrae discrimen, minus ad fortunarum nostrarum periculum pertinent. (77) Illud est capitale, illud formidolosum, illud optimo cuique metuendum, quod iste, ex hoc iudicio si aliqua vi se eripuerit, in iudicibus sit necesse est, sententiam de capite civis Romani ferat, sit in eius exercitu signifer qui imperium iudiciorum tenere vult. Hoc populus Romanus recusat, hoc ferre non potest; clamat permittitque vobis ut, si istis hominibus delectemini, si ex eo genere splendorem ordini atque ornamentum curiae constituere velitis, habeatis sane istum vobiscum senatorem, etiam de vobis iudicem, si vultis, habeatis; de se homines, si qui extra istum ordinem sunt, quibus ne reiciendi quidem amplius quam trium iudicum praeclarae leges Corneliae faciunt potestatem, hunc hominem tam crudelem, tam sceleratum, tam nefarium nolunt iudicare. **32** (78) Etenim si illud est flagitiosum, quod mihi omnium rerum turpissimum maximeque nefarium videtur, ob rem iudicandam pecuniam accipere, pretio habere

ter, schont und bewahrt ihn, damit es einen gibt, der mit euch Entscheidungen trifft, der ohne jede Parteilichkeit im Senat über Krieg und Frieden seine Stimme abgibt. Freilich, darum brauchen wir, darum braucht sich das römische Volk nicht zu kümmern, wieviel Gewicht seine Stimme im Senat haben wird. Denn welches Ansehen wird er genießen? Wann wird er die Dreistigkeit oder Möglichkeit haben, seine Meinung zu äußern? Wann aber wird ein so genußsüchtiger und fauler Mensch sich schon in die Kurie begeben außer im Monat Februar?[104] Doch er mag ruhig kommen, mag Krieg gegen die Kreter beschließen,[105] die Byzantiner für unabhängig erklären,[106] Ptolemaios den Königstitel verleihen,[107] er mag alles, was Hortensius will, sagen und vertreten; nur wenig berührt uns das, nur wenig ist es entscheidend für unser Leben, nur wenig gefährdet es unsere Existenz. (77) Doch das ist höchst gefährlich, ja grauenvoll für uns, das muß jeder Anständige fürchten: wenn Verres sich irgendwie mit Gewalt diesem Gericht entzieht, dann ist die unausweichliche Folge, daß er seinen Platz unter den Richtern hat, daß er über das Leben römischer Bürger seine Stimme abgibt, daß er Fahnenträger im Heer dessen ist, der die Herrschaft über die Gerichte ausüben will.[108] Das lehnt das römische Volk ab, das kann es nicht ertragen, es ruft euch zu und erlaubt euch: wenn ihr an solchen Leuten Freude habt, wenn ihr durch eine solche Sorte eurem Stande Glanz und der Kurie Ansehen verschaffen wollt, dann mögt ihr meinetwegen Verres als Senator in eurer Mitte behalten und sogar, wenn ihr wollt, als Richter über euch erhalten; doch die Leute, die nicht zu diesem Stande gehören, denen die trefflichen Cornelischen Gesetze nicht einmal erlauben, mehr als drei Richter abzulehnen, wünschen nicht, daß ein so grausamer, so verbrecherischer, so ruchloser Mensch wie er über sie richte.
32 (78) Denn wenn es schon schändlich ist – und ich halte es für das allerschimpflichste und verabscheuenswerteste –, für ein Gerichtsurteil Geld anzunehmen, Pflichttreue und Gewissenhaftigkeit von der Bezahlung abhängig zu machen, um wieviel schändlicher, gewissenloser, empörender ist es,

addictam fidem et religionem quanto illud flagitiosius improbius indignius, eum a quo pecuniam ob absolvendum acceperis condemnare, ut ne praedonum quidem praetor in fide retinenda consuetudinem conservet! Scelus est accipere ab reo: quanto magis ab accusatore, quanto etiam sceleratius ab utroque! Fidem cum proposuisses venalem in provincia, valuit apud te plus is qui pecuniam maiorem dedit. Concedo; forsitan aliquis aliquando eius modi quidpiam fecerit. Cum vero fidem ac religionem tuam iam alteri addictam pecunia accepta habueris, postea eandem adversario tradideris maiore pecunia, utrumque falles, et trades cui voles, et ei quem fefelleris ne pecuniam quidem reddes? (79) Quem mihi tu Bulbum, quem Staienum? quod umquam huiusce modi monstrum aut prodigium audivimus aut vidimus, qui cum reo transigat, post cum accusatore decidat, honestos homines, qui causam norint, ableget a consilioque dimittat, ipse solus reum absolutum, a quo pecuniam acceperit, condemnet pecuniamque non reddat? Hunc hominem in iudicum numero habebimus? hic alteram decuriam senatoriam iudex obtinebit? hic de capite libero iudicabit? huic iudicialis tabella committetur? quam iste non modo cera, verum etiam sanguine, si visum erit, notabit.

33 (80) Quid enim horum se negat fecisse? illud videlicet unum, quod necesse est, pecuniam accepisse. Quidni iste neget? At eques Romanus, qui Sopatrum defendit, qui omnibus eius consiliis rebusque interfuit, Q. Minucius, iuratus dicit pecuniam datam, iuratus dicit Timarchidem dixisse maiorem pecuniam ab accusatoribus dari; dicent hoc multi

den zu verurteilen, von dem man Geld für den Freispruch erhalten hat, und so sich als Prätor beim Einhalten eines gegebenen Wortes nicht einmal nach dem Brauch der Räuber zu richten! Es ist ein Verbrechen, von einem Angeklagten etwas anzunehmen: um wieviel mehr, vom Ankläger, und welch noch schlimmeres Verbrechen, von beiden! Du hast in der Provinz dein Wort feilgeboten, und so hatte der bei dir am meisten Erfolg, der die größte Geldsumme zahlte. Nun gut; vielleicht hat auch sonst jemand einmal etwas Derartiges getan. Doch wenn du dein Wort und dein bindendes Versprechen schon der einen Partei für Geld verkauft und sie danach gleichzeitig dem Gegner für eine größere Summe zugesichert hast, willst du sie dann beide täuschen und dein Versprechen wem du willst zugute kommen lassen und dem, den du getäuscht hast, nicht einmal sein Geld zurückgeben? (79) Welchen Bulbus, welchen Staienus[109] kannst du mir nennen? Von welchem Ungeheuer oder Scheusal dieser Art haben wir jemals gehört oder es erlebt, das mit dem Angeklagten handelseinig wird, danach mit dem Ankläger eine Abmachung trifft, ehrenwerte Männer, die den Fall kennen, wegschickt und aus seinem Beirat entläßt, ganz allein einen bereits freigesprochenen Angeklagten, von dem er Geld angenommen hat, verurteilt und das Geld nicht zurückgibt? Einen solchen Menschen sollen wir unter unseren Richtern haben? Er soll als Richter einen Platz in der zweiten senatorischen Abteilung einnehmen?[110] Er über das Leben eines Freien urteilen? Ihm will man ein Richterstimmtäfelchen anvertrauen? Er wird es nicht nur mit Wachs,[111] sondern, wenn es ihm richtig erscheint, sogar mit Blut kennzeichnen.

33 (80) Denn welche dieser Handlungen leugnet er? Natürlich die einzige, die er leugnen muß: daß er Geld erhalten habe. Warum soll er das nicht leugnen? Allein, der römische Ritter, der den Sopatros verteidigt hat, der bei allen Winkelzügen und Maßnahmen des Verres zugegen war, Q. Minucius, sagt unter Eid aus, daß Geld gegeben worden sei; er sagt unter Eid aus, Timarchides habe erklärt, daß die Ankläger den größeren Geldbetrag gegeben hätten. Das werden viele

Siculi, dicent omnes Halicyenses, dicet etiam praetextatus Sopatri filius, qui ab isto homine crudelissimo patre innocentissimo pecuniaque patria privatus est. (81) Verum si de pecunia testibus planum facere non possem, illud negare posses aut nunc negabis, te consilio tuo dimisso, viris primariis qui in consilio C. Sacerdoti fuerant tibique esse solebant remotis, de re iudicata iudicavisse? teque eum quem C. Sacerdos adhibito consilio causa cognita absolvisset, eundem remoto consilio causa incognita condemnasse? Cum haec confessus eris, quae in foro palam Syracusis in ore atque in oculis provinciae gesta sunt, negato tum sane, si voles, te pecuniam accepisse: reperies, credo, aliquem qui, cum haec quae palam gesta sunt videat, quaerat quid tu occulte egeris, aut qui dubitet utrum malit meis testibus an tuis defensoribus credere.

(82) Dixi iam ante me non omnia istius quae in hoc genere essent enumeraturum, sed electurum ea quae maxime excellerent. **34** Accipite nunc aliud eius facinus nobile et multis locis saepe commemoratum, et eius modi ut in uno omnia maleficia inesse videantur. Attendite diligenter; invenietis enim id facinus natum a cupiditate, auctum per stuprum, crudelitate perfectum atque conclusum. (83) Sthenius est, hic qui nobis adsidet, Thermitanus, antea multis propter summam virtutem summamque nobilitatem, nunc propter suam calamitatem atque istius insignem iniuriam omnibus notus. Huius hospitio Verres cum esset usus, et cum apud eum non solum

Sizilier, werden alle Einwohner von Halikyai, wird auch der noch mit der Knabentoga bekleidete Sohn des Sopatros bestätigen, den dieser so grausame Mensch seines völlig unschuldigen Vaters und des väterlichen Vermögens beraubt hat. (81) Doch angenommen, ich könnte den Vorgang mit dem Geld nicht durch Zeugen beweisen, könntest du leugnen oder willst du jetzt leugnen, daß du deine Berater entlassen, die angesehenen Männer, die dem Beirat des C. Sacerdos angehört hatten und auch dem deinen anzugehören pflegten, entfernt und dann über eine bereits entschiedene Sache noch einmal entschieden hast? Und daß du einen Mann, den C. Sacerdos unter Mitwirkung seines Beirates nach Untersuchung des Falles freigesprochen hatte, daß du eben diesen nach Entfernung des Beirates und ohne jede Untersuchung verurteilt hast? Wenn du das zugibst, was auf dem Marktplatz von Syrakus öffentlich im Angesicht und vor den Augen der Provinz geschehen ist, dann magst du, wenn du willst, ruhig leugnen, daß du Geld erhalten hast. Wahrscheinlich wirst du, denke ich, jemanden finden, der, wenn er sieht, was in aller Öffentlichkeit geschehen ist, auch noch fragt, was du heimlich getan hast, oder zweifelt, ob er lieber meinen Zeugen oder deinen Verteidigern glauben soll.

(82) Ich habe schon früher gesagt, ich hätte nicht die Absicht, alle Bubenstücke des Verres, die von dieser Art sind, aufzuzählen, sondern nur die auszuwählen, die am meisten auffielen. **34** Vernehmt jetzt eine andere berüchtigte Untat von ihm, von der man oft und an vielen Orten gesprochen hat und die von der Art ist, daß in ihr zugleich alle Arten von Übeltaten enthalten zu sein scheinen. Paßt genau auf; ihr werdet nämlich erkennen, daß diese Untat durch Habgier gezeugt, durch Unzucht vergrößert, durch Grausamkeit gekrönt und abgeschlossen worden ist. (83) Sthenius, der hier bei uns sitzt, stammt aus Thermai[112]; vormals war er vielen wegen seiner vorzüglichen Eigenschaften und seiner vornehmen Herkunft bekannt, jetzt ist er allen bekannt wegen seines Unglücks und wegen des unerhörten Unrechts des Angeklagten. Zu ihm hatte Verres ein gastfreundschaftliches Verhält-

Thermis saepenumero fuisset, sed etiam habitasset, omnia domo eius abstulit quae paulo magis animum cuiuspiam aut oculos possent commovere. Etenim Sthenius ab adulescentia paulo studiosius haec compararat: supellectilem ex aere elegantiorem et Deliacam et Corinthiam, tabulas pictas, etiam argenti bene facti, prout Thermitani hominis facultates ferebant, satis. Quae cum esset in Asia adulescens studiose, ut dixi, compararat, non tam suae delectationis causa quam ad invitationes adventusque nostrorum hominum, [suorum] amicorum atque hospitum. (84) Quae posteaquam iste omnia abstulit, alia rogando, alia poscendo, alia sumendo, ferebat Sthenius ut poterat; angebatur animi necessario quod domum eius exornatam et instructam fere iam iste reddiderat nudam atque inanem; verum tamen dolorem suum nemini impertiebat; praetoris iniurias tacite, hospitis placide ferendas arbitrabatur. (85) Interea iste cupiditate illa sua nota atque apud omnis pervagata, cum signa quaedam pulcherrima atque antiquissima Thermis in publico posita vidisset, adamavit; a Sthenio petere coepit ut ad ea tollenda operam suam profiteretur seque adiuvaret. Sthenius vero non solum negavit, sed etiam ostendit fieri id nullo modo posse ut signa antiquissima, monumenta P. Africani, ex oppido Thermitanorum incolumi illa civitate imperioque populi Romani tollerentur.

35 (86) Etenim ut simul Africani quoque humanitatem et aequitatem cognoscatis oppidum Himeram Carthaginienses quondam ceperant, quod fuerat in primis Siciliae clarum et ornatum. Scipio, qui hoc dignum populo Romano arbitraretur, bello confecto socios sua per nostram victoriam recuperare, Siculis omnibus Carthagine capta quae potuit restitu-

nis, und er hatte ihn nicht nur oftmals in Thermai besucht, sondern auch bei ihm gewohnt; dennoch nahm er aus seinem Hause alles weg, was das Empfinden oder die Augen von irgend jemand auch nur ein wenig mehr reizen konnte. Denn Sthenius hatte von Jugend an ziemlich eifrig derlei zusammengetragen: recht erlesenes delisches und korinthisches Geschirr aus Metall,[113] Gemälde, auch reichlich gut gearbeitetes Silber, soweit es die Mittel eines Mannes aus Thermai gestatteten. Das hatte er, während er als junger Mann in Asien war, wie gesagt, eifrig zusammengetragen, nicht so sehr zur eigenen Freude als für die Einladungen und Besuche unserer eigenen Leute als seiner Freunde und Gäste. (84) Als Verres dies alles fortgeschafft hatte, indem er teils bat, teils forderte, teils an sich nahm, ertrug Sthenius das, so gut er konnte. Doch es mußte ihn bekümmern, daß Verres sein reichausgestattetes und wohleingerichtetes Haus schon fast kahl und leer gemacht hatte. Gleichwohl teilte er niemandem seinen Unmut mit; er glaubte, das Unrecht des Prätors mit Schweigen, das des Gastes mit Gelassenheit ertragen zu müssen. (85) Inzwischen fand Verres bei seiner berüchtigten und überall bekannten Habgier Gefallen an einigen sehr schönen und sehr alten Statuen, die er in Thermai an einem öffentlichen Platz aufgestellt gesehen hatte; er begann Sthenius zu drängen, er möge ihm seine Unterstützung versprechen und ihm helfen, diese wegzunehmen. Sthenius aber lehnte das nicht nur ab, sondern wies auch darauf hin, daß es völlig unmöglich sei, die uralten Statuen, Denkmäler des P. Afrikanus[114], aus der Stadt Thermai zu entfernen, solange diese Gemeinde und die Herrschaft des römischen Volkes bestünden.

35 (86) Damit ihr zugleich auch die Milde und Gerechtigkeit des Afrikanus kennenlernt, vernehmt: einst hatten nämlich die Karthager Himera[115] erobert, eine überaus berühmte und reich geschmückte Stadt Siziliens. Scipio glaubte nun, die Würde des römischen Volkes verlange es, daß nach Beendigung des Krieges die Bundesgenossen ihr Eigentum durch unseren Sieg zurückerhielten, und er ließ daher allen Siziliern

enda curavit. Himera deleta quos civis belli calamitas reliquos fecerat, ii se Thermis conlocarant in isdem agri finibus neque longe ab oppido antiquo, hi se patrum fortunas et dignitatem recuperare arbitrabantur cum illa maiorum ornamenta in eorum oppido conlocabantur. (87) Erant signa ex aere complura; in his eximia pulchritudine ipsa Himera in muliebrem figuram habitumque formata ex oppidi nomine et fluminis. Erat etiam Stesichori poetae statua senilis incurva cum libro summo, ut putant, artificio facta, qui fuit Himerae, sed et est et fuit tota Graecia summo propter ingenium honore et nomine. Haec iste ad insaniam concupiverat. Etiam, quod paene praeterii, capella quaedam est, ea quidem mire, ut etiam nos qui rudes harum rerum sumus intellegere possumus, scite facta et venuste. Haec et alia Scipio non neglegenter abiecerat, ut homo intellegens Verres auferre posset, sed Thermitanis restituerat, non quo ipse hortos aut suburbanum aut locum omnino ubi ea poneret nullum haberet, sed quod, si domum abstulisset, non diu Scipionis appellarentur, sed eorum ad quoscumque illius morte venissent: nunc iis locis posita sunt ut mihi semper Scipionis fore videantur itaque dicantur.

36 (88) Haec cum iste posceret agereturque ea res in senatu, Sthenius vehementissime restitit multaque, ut in primis Siculorum in dicendo copiosus est, commemoravit: urbem relin-

nach der Einnahme Karthagos so viel er konnte zurückerstatten. Nach der Zerstörung von Himera hatten sich die Bürger, die den unheilvollen Krieg überlebt hatten, in Thermai, innerhalb derselben Feldmark und nicht weit von der früheren Stadt entfernt, niedergelassen. Die glaubten, die glücklichen Verhältnisse und das Ansehen ihrer Väter wiederzugewinnen, als die Schmuckstücke der Vorfahren in ihrer Stadt aufgestellt wurden. (87) Es waren mehrere Statuen aus Bronze, darunter Himera selbst von außerordentlicher Schönheit, in weiblicher Gestalt und Kleidung dargestellt, nach der Stadt und dem Fluß benannt. Es gab dort auch eine Statue des Dichters Stesichoros[116], dargestellt als Greis in vornübergeneigter Haltung mit einem Buch, nach dortiger Ansicht mit größter Kunstfertigkeit gearbeitet. Der lebte in Himera, erfreute sich aber und erfreut sich noch in ganz Griechenland wegen seiner dichterischen Begabung der größten Ehre und Achtung. Auf diese Werke war Verres bis zum Wahnsinn begierig. Auch gibt es dort noch eine Ziege (fast hätte ich das übergangen), und diese ist, wie sogar ich, der ich von diesen Dingen so gar nichts verstehe,[117] erkennen kann, wunderbar gekonnt und reizend gearbeitet. Diese und andere Werke hatte Scipio nicht geringschätzig weggeworfen, damit der Kunstkenner Verres sie wegnehmen könne, sondern er hatte sie den Bewohnern von Thermai zurückerstattet: nicht, als ob er selbst keine Gärten oder kein Landgut in der Nähe der Stadt oder überhaupt keinen Platz gehabt hätte, wo er sie aufstellen konnte, sondern weil sie, wenn er sie mit nach Hause genommen hätte, doch nicht lange als Scipios Eigentum gegolten hätten, sondern als Eigentum derer, an die sie nach seinem Tode gefallen wären. Jetzt aber sind sie an solchen Plätzen aufgestellt, daß ich glaube, sie werden immer Scipios Eigentum sein und so bezeichnet werden.

36 (88) Als Verres diese Kunstwerke verlangte und man im Gemeinderat darüber verhandelte, da stellte sich Sthenius auf das entschiedenste dagegen und brachte viele Gründe bei, als ein vor den anderen Siziliern besonders wortgewaltiger Redner, wie er ist: die Stadt zu verlassen sei für die Bewohner von

quere Thermitanis esse honestius quam pati tolli ex urbe monumenta maiorum, spolia hostium, beneficia clarissimi viri, indicia societatis populi Romani atque amicitiae. Commoti animi sunt omnium; repertus est nemo quin mori diceret satius esse. Itaque hoc adhuc oppidum Verres invenit prope solum in orbe terrarum unde nihil eius modi rerum de publico per vim, nihil occulte, nihil imperio, nihil gratia, nihil pretio posset auferre. Verum hasce eius cupiditates exponam alio loco; nunc ad Sthenium revertar. (89) Iratus iste vehementer Sthenio atque incensus hospitium ei renuntiat, domo eius emigrat atque adeo exit; nam iam ante emigrarat. Eum autem statim inimicissimi Stheni domum suam invitant, ut animum eius in Sthenium inflammarent ementiendo aliquid et criminando. Hi autem erant inimici Agathinus, homo nobilis, et Dorotheus, qui habebat in matrimonio Callidamam, Agathini eius filiam; de qua iste audierat, itaque ad generum Agathini migrare maluit. Una nox intercesserat cum iste Dorotheum sic diligebat ut diceres omnia inter eos esse communia, Agathinum ita observabat ut aliquem adfinem atque propinquum; contemnere etiam signum illud Himerae iam videbatur, quod eum multo magis figura et liniamenta hospitae delectabant. **37** (90) Itaque hortari homines coepit ut aliquid Sthenio periculi crearent criminisque confingerent. Dicebant se illi nihil habere quod dicerent. Tum iste iis aperte ostendit

Thermai ehrenvoller, als zu dulden, daß man aus der Stadt entferne, was von den Vorfahren als Denkmäler geweiht, den Feinden als Beute entrissen, durch die Gunstbezeugung des erlauchtesten Mannes wiedergeschenkt und Anzeichen für die Verbundenheit[118] und Freundschaft mit dem römischen Volke sei. Alle waren tief beeindruckt; es fand sich niemand, der nicht gesagt hätte, es sei besser zu sterben. So hat denn Verres bisher diese Stadt als fast die einzige auf der Welt gefunden, der er nichts von derlei Dingen aus öffentlichem Besitz, nicht durch Gewalt, nicht heimlich, nicht durch ein Machtwort, nicht durch Gunsterweis, nicht für Geld wegnehmen konnte. Doch diese Sammelleidenschaft von ihm werde ich an anderer Stelle[119] behandeln; jetzt will ich zu Sthenius zurückkehren. (89) Verres, über Sthenius heftig erzürnt und aufgebracht, kündigt ihm die Gastfreundschaft auf, er zieht aus seinem Hause aus oder vielmehr, er verläßt es; denn ausgezogen war er schon vorher.[120] Da aber laden ihn sogleich die Todfeinde des Sthenius in ihr Haus ein, um seinen Zorn auf Sthenius durch irgendwelche Lügen und Beschuldigungen noch mehr anzuheizen. Diese Feinde waren Agathinos, ein Mann von Adel, und Dorotheos, der Kallidama, die Tochter des Agathinos, zur Frau hatte. Von der hatte Verres gehört; daher wollte er lieber beim Schwiegersohn des Agathinos absteigen. Eine Nacht war erst vergangen, da schätzte Verres den Dorotheos so sehr, daß man sagen konnte, sie hätten alles miteinander gemeinsam; den Agathinos behandelte er so aufmerksam, wie man einen Verschwägerten und Verwandten zu behandeln pflegt. Sogar die Statue der Himera schien er nicht mehr so wichtig zu nehmen, weil ihn die Figur und die Gesichtszüge seiner Wirtin weit mehr fesselten. **37** (90) So begann er denn die Leute zu ermuntern, irgendeinen Prozeß gegen Sthenius anzustrengen und eine Beschuldigung zu erfinden. Doch die erklärten ihm, sie wüßten nichts vorzubringen. Da gab er ihnen offen und eindringlich zu verstehen, sie würden mit jeder beliebigen Anklage gegen Sthenius Erfolg haben, wenn sie sie bei ihm selbst anbrächten. So schieben sie denn die Sache nicht länger auf,

et confirmavit eos in Sthenium quidquid vellent, simul atque ad se detulissent, probaturos. Itaque illi non procrastinant, Sthenium statim educunt, aiunt ab eo litteras publicas esse corruptas. Sthenius postulat ut, cum secum sui cives agant de litteris publicis corruptis, eiusque rei legibus Thermitanorum actio sit, senatusque et populus Romanus Thermitanis, quod semper in amicitia fideque mansissent, urbem agros legesque suas reddidisset Publiusque Rupilius postea leges ita Siculis ex senatus consulto de x legatorum sententia dedisset ut cives inter sese legibus suis agerent, idemque hoc haberet Verres ipse in edicto: ut de his omnibus causis se ad leges reiceret. (91) Iste homo omnium aequissimus atque a cupiditate remotissimus se cogniturum esse confirmat; paratum ad causam dicendam venire hora nona iubet. Non erat obscurum quid homo improbus ac nefarius cogitaret; neque enim ipse satis occultarat, nec mulier tacere potuerat. Intellectum est id istum agere ut, cum Sthenium sine ullo argumento ac sine teste damnasset, tum homo nefarius de homine nobili atque id aetatis suoque hospite virgis supplicium crudelissime sumeret. Quod cum esset perspicuum, de amicorum hospitumque suorum sententia Thermis Sthenius Romam profugit: hiemi fluctibusque sese committere maluit quam non istam communem Siculorum tempestatem calamitatemque vitaret. **38** (92) Iste homo certus et diligens ad horam nonam praesto est, Sthenium citari iubet. Quem posteaquam videt non adesse, dolore ardere atque iracundia furere coepit, Venerios domum Stheni mittere, equis circum agros eius villasque dimittere. Itaque dum exspectat quidnam sibi certi adferatur,

laden Sthenius sofort vor Gericht und erklären, er habe öffentliche Urkunden gefälscht. Sthenius macht geltend: gegen ihn klagten Mitbürger von ihm wegen Fälschung öffentlicher Urkunden, und für diesen Fall gebe es in den Gesetzen von Thermai ein Verfahren; zudem hätten der Senat und das Volk von Rom den Thermaiern, weil diese ihnen immer in Freundschaft und Treue verbunden geblieben seien, ihre Stadt, ihre Äcker und ihre Gesetze zurückgegeben; außerdem habe Publius Rupilius später auf Senatsbeschluß und unter beratender Mitwirkung von zehn Legaten den Siziliern Gesetze gegeben mit der Bestimmung, die Bürger sollten bei ihren Streitigkeiten untereinander nach ihren eigenen Gesetzen verfahren, und dieselbe Bestimmung habe auch Verres in sein Edikt aufgenommen. Aus allen diesen Gründen fordert Sthenius, Verres möge die Parteien an die Gesetze verweisen. (91) Doch dieser Mann, gerecht und frei von Parteilichkeit wie keiner, versichert, er werde selbst die Untersuchung führen; er befiehlt Sthenius, er solle sich verhandlungsbereit um die neunte Stunde[121] einstellen. Es war nicht undurchsichtig, was der gewissenlose und gemeine Mensch plante. Denn weder er selbst hatte es genügend geheimgehalten noch hatte die Frau[122] zu schweigen vermocht. Man erkannte deutlich, daß Verres die Absicht verfolgte, Sthenius ohne jeden Beweis und ohne Zeugen zu verurteilen und dann, ruchlos wie er war, diesen vornehmen und so betagten Mann, seinen Gastfreund, aufs grausamste mit Auspeitschung zu bestrafen. Da dies deutlich war, floh Sthenius auf den Rat seiner guten Bekannten und Gastfreunde von Thermai nach Rom; er wollte sich lieber dem Wind und den Wellen anvertrauen als dieses ganz Sizilien heimsuchende Unwetter und Unheil über sich ergehen lassen. **38** (92) Dieser pünktliche und gewissenhafte Mann ist um die neunte Stunde zur Stelle; er befiehlt, Sthenius aufzurufen. Als er erkannte, daß dieser nicht da war, begann er vor Wut zu kochen und vor Zorn zu toben; er schickte die Venussklaven[123] in die Wohnung des Sthenius, andere sandte er zu Pferde überall herum zu seinen Gütern und Landhäusern. So wartet er denn, welche Nach-

ante horam tertiam noctis de foro non discedit. Postridie mane descendit; Agathinum ad se vocat; iubet eum de litteris publicis in absentem Sthenium dicere. Erat eius modi causa ut ille ne sine adversario quidem apud inimicum iudicem reperire posset quid diceret; (93) itaque tantum verbo posuit, Sacerdote praetore Sthenium litteras publicas corrupisse. Vix ille hoc dixerat cum iste pronuntiat STHENIUM LITTERAS PUBLICAS CORRUPISSE VIDERI; et hoc praeterea addit homo Venerius novo modo nullo exemplo, OB EAM REM HS D VENERI ERYCINAE DE STHENI BONIS *SE* EXACTURUM, bonaque eius statim coepit vendere; et vendidisset, si tantulum morae fuisset quo minus ei pecunia illa numeraretur. (94) Ea posteaquam numerata est, contentus hac iniquitate iste non fuit; palam de sella ac tribunali pronuntiat, SI QUIS ABSENTEM STHENIUM REI CAPITALIS REUM FACERE VELLET, SESE EIUS NOMEN RECEPTURUM, et simul ut ad causam accederet nomenque deferret, Agathinum, novum adfinem atque hospitem, coepit hortari. Tum ille clare omnibus audientibus se id non esse facturum, neque se usque eo Sthenio esse inimicum ut eum rei capitalis adfinem esse diceret. Hic tum repente Pacilius quidam, homo egens et levis, accedit; ait, si liceret, absentis nomen deferre se velle. Iste vero et licere et fieri solere, et se recepturum; itaque defertur; edicit statim ut Kalendis Decembribus adsit Sthenius Syracusis. (95) Hic qui Romam pervenisset, satisque feliciter anni iam adverso tem-

richt man ihm überbringe; vor der dritten Stunde[124] der Nacht verläßt er nicht den Marktplatz. Am nächsten Tage begibt er sich frühmorgens wieder dorthin; er läßt Agathinus zu sich rufen; er befiehlt ihm, wegen der öffentlichen Urkunden Klage gegen den abwesenden Sthenius zu erheben. Die Sache stand auf so schwachen Füßen, daß der Mann nicht einmal ohne Gegner und vor einem parteiischen Richter darauf kam, was er sagen sollte. (93) So brachte er nur einen Satz heraus: Sthenius habe unter dem Prätor Sacerdos öffentliche Urkunden gefälscht. Kaum hatte er das gesagt, als Verres schon das Urteil verkündet: er sehe es als erwiesen an, daß Sthenius öffentliche Urkunden gefälscht habe; und außerdem macht dieser Venusknecht folgenden Zusatz, der völlig neuartig und ohne Beispiel ist: er werde deswegen 500000 Sesterzen zugunsten der erycinischen Venus aus dem Vermögen des Sthenius eintreiben; und er schickte sich denn auch sofort an, die Güter des Sthenius zu versteigern, und er hätte sie versteigert, wenn ihm das Geld nicht unverzüglich ausgezahlt worden wäre.[125] (94) Nachdem man es ausgezahlt hatte, war er mit diesem Unrecht noch nicht zufrieden; er verkündete öffentlich von seinem erhöhten Richterstuhl herab: wenn jemand den abwesenden Sthenius wegen eines Kapitalverbrechens anklagen wolle, dann werde er die Klage gegen ihn annehmen, und zugleich begann er, Agathinos, seinen neuen Verwandten und Gastfreund, zu ermuntern, er möge an die Sache herangehen und eine Klage einreichen. Der erklärte hierauf laut, so daß alle es hörten, das werde er nicht tun, und er sei mit Sthenius nicht soweit verfeindet, daß er von ihm behaupten wolle, er sei in ein Kapitalverbrechen verwickelt. Da tritt denn plötzlich ein gewisser Pacilius auf, ein armer und unbedeutender Mensch, und erklärt, wenn es erlaubt sei, gegen einen Abwesenden Klage zu erheben, so sei er dazu willens. Verres antwortet, es sei in der Tat erlaubt und üblich, und er werde die Klage annehmen. Und so wird Sthenius angeklagt. Verres ordnet sogleich an, Sthenius solle sich am 1. Dezember in Syrakus einfinden. (95) Dieser war nach Rom gelangt und hatte die Seefahrt trotz der schon ungünsti-

pore navigasset, omniaque habuisset aequiora et placabiliora quam animum praetoris atque hospitis, rem ad amicos suos detulit, quae, ut erat acerba atque indigna, sic videbatur omnibus.

39 Itaque in senatu continuo Cn. Lentulus et L. Gellius consules faciunt mentionem placere statui, si patribus conscriptis videretur, ne absentes homines in provinciis rei fierent rerum capitalium; causam Stheni totam et istius crudelitatem et iniquitatem senatum docent. Aderat in senatu Verres pater istius, et flens unum quemque senatorum rogabat ut filio suo parceret; neque tamen multum proficiebat; erat enim summa voluntas senatus. Itaque sententiae dicebantur: CUM STHENIUS ABSENS REUS FACTUS ESSET, DE ABSENTE IUDICIUM NULLUM FIERI PLACERE, ET, SI QUOD ESSET FACTUM, ID RATUM ESSE NON PLACERE. (96) Eo die transigi nihil potuit, quod et id temporis erat et ille pater istius invenerat homines qui dicendo tempus consumerent. Postea senex Verres defensores atque hospites omnis Stheni convenit, rogat eos atque orat ne oppugnent filium suum, de Sthenio ne laborent; confirmat iis curaturum se esse ne quid ei per filium suum noceretur; se homines certos eius rei causa in Siciliam et terra et mari esse missurum. Et erat spatium dierum fere xxx ante Kalendas Decembris, quo die iste ut Syracusis Sthenius adesset edixerat. (97) Commoventur amici Stheni; sperant fore ut patris litteris nuntiisque filius ab illo furore revocetur. In senatu postea causa non agitur. Veniunt ad istum domestici nuntii litterasque a patre adferunt ante Kalendas Decembris, cum

gen Jahreszeit einigermaßen glücklich überstanden; auf ihr hatte sich ihm alles günstiger und versöhnlicher gezeigt als die Gesinnung des Prätors und Gastfreundes. Er berichtete die Sache seinen Freunden, und die sahen sie alle so an, wie sie war: bitter und empörend.

39 Daher bringen die Konsuln Cn. Lentulus und L. Gellius[126] den Fall sofort im Senat zur Sprache und beantragen: wenn es den versammelten Vätern richtig erscheine, so möge man beschließen, daß in den Provinzen Abwesende nicht wegen Kapitalverbrechen angeklagt werden dürfen; sie unterrichten den Senat über die ganze Sache des Sthenius und über die Grausamkeit und Unredlichkeit des Verres. Im Senat war auch Verres, der Vater des Angeklagten, zugegen, und er bat unter Tränen jeden einzelnen Senator, seinen Sohn zu schonen. Doch er richtete nicht viel aus; der Senat war nämlich fest entschlossen. So wurde denn in mehreren Reden die Meinung geäußert: da man Sthenius in Abwesenheit angeklagt habe, dürfe über den Abwesenden kein Urteil gefällt werden, und wenn schon eines gefällt worden sei, so solle es ungültig sein. (96) An jenem Tage konnte die Sache nicht mehr zu Ende geführt werden, weil es schon so spät war und weil der Vater des Verres Leute gefunden hatte, die mit Reden die Zeit hinbrachten.[127] Danach sucht der alte Verres alle Betreuer und Gastfreunde des Sthenius auf; er bittet sie inständig, sie möchten gegen seinen Sohn nicht vorgehen; wegen Sthenius sollten sie sich keine Sorgen machen; er versichert ihnen, er werde dafür sorgen, daß dieser durch seinen Sohn keinen Schaden erleide; er werde deswegen zuverlässige Leute auf dem Land- und Seewege nach Sizilien schicken. Und wirklich war noch eine Frist von ungefähr dreißig Tagen bis zum 1. Dezember, bis zu dem Tage, den Verres für das Erscheinen des Sthenius in Syrakus bestimmt hatte. (97) Die Freunde des Sthenius lassen sich besänftigen; sie hoffen, durch des Vaters Briefe und Boten werde sich der Sohn von seiner wahnsinnigen Absicht abbringen lassen. Im Senat wird die Sache hiernach nicht mehr behandelt. Die Boten von zu Hause treffen vor dem 1. Dezember bei Verres ein und über-

isti etiam tum de Sthenio in integro tota res esset, eodemque ei tempore de eadem re litterae complures a multis eius amicis ac necessariis adferuntur. 40 Hic iste, qui prae cupiditate neque offici sui neque periculi neque pietatis neque humanitatis rationem habuisset umquam, neque in eo quod monebatur auctoritatem patris neque in eo quod rogabatur voluntatem anteponendam putavit libidini suae, mane Kalendis Decembribus, ut edixerat, Sthenium citari iubet. (98) Si abs te istam rem parens tuus alicuius amici rogatu benignitate aut ambitione adductus petisset, gravissima tamen apud te voluntas patris esse debuisset; cum vero abs te tui capitis causa peteret hominesque certos domo misisset, hique eo tempore ad te venissent cum tibi in integro tota res esset, ne tum quidem te potuit si non pietatis, at salutis tuae ratio ad officium sanitatemque reducere? Citat reum; non respondit; citat accusatorem; attendite, quaeso, iudices, quanto opere istius amentiae fortuna ipsa adversata sit, et simul videte qui Stheni causam casus adiuverit; citatus accusator, M. Pacilius, nescio quo casu non respondit, non adfuit. (99) Si praesens Sthenius reus esset factus, si manifesto in maleficio teneretur, tamen, cum accusator non adesset, Sthenium condemnari non oporteret. Etenim si posset reus absente accusatore damnari, non ego a Vibone Veliam parvulo navigio inter fugitivorum ac praedonum ac tua tela venissem, quo tempore omnis illa mea

bringen die Briefe des Vaters, zu einem Zeitpunkt, da er das ganze Verfahren gegen Sthenius noch nicht in Angriff genommen hatte; und zur gleichen Zeit werden ihm in derselben Sache mehrere Briefe von vielen seiner Freunde und Angehörigen überbracht. 40 Doch Verres, der in seiner Gier niemals auf seine Pflicht oder Gefährdung, auf die Kindesliebe oder auf menschliche Gefühle Rücksicht genommen hatte, glaubte auch jetzt, er brauche trotz dieser Warnung und trotz dieser Bitte weder die Stimme des Vaters noch dessen Wunsch höher zu stellen als seine eigene hemmungslose Gier. Am Morgen des 1. Dezember befiehlt er, wie er angekündigt hatte, Sthenius aufzurufen. (98) Hätte dein Vater auch nur auf Ersuchen eines Freundes, aus Gefälligkeit oder um Beziehungen zu pflegen, diese Bitte an dich gerichtet, so hätte sein Wunsch doch sehr schwer bei dir wiegen müssen; doch da er dich nun in deinem persönlichen Interesse bat und zuverlässige Leute von Hause geschickt hatte, die zu einer Zeit bei dir eingetroffen waren, als du die ganze Sache noch nicht in Angriff genommen hattest, vermochte dich nicht einmal damals die Rücksicht, wenn schon nicht auf die Kindesliebe, so doch wenigstens auf deine persönliche Sicherheit zur Pflicht und Vernunft zurückzuführen? Er ruft den Angeklagten auf. Der antwortet nicht; er ruft den Ankläger auf. Nun achtet bitte darauf, ihr Richter, wie sehr sich seinem wahnsinnigen Benehmen das Schicksal selbst entgegengestellt hat, und seht zugleich, welcher Zufall der Sache des Sthenius zu Hilfe gekommen ist: als der Ankläger M. Pacuvius aufgerufen wurde, da gab er, ich weiß nicht aus welchem Grunde, keine Antwort; er war nicht da. (99) Wenn Sthenius in Anwesenheit angeklagt worden wäre, wenn er sich eines handgreiflichen Verbrechens schuldig gemacht hätte, so hätte er dennoch nicht verurteilt werden dürfen, wenn der Ankläger nicht da war. Denn wenn es möglich wäre, einen Angeklagten in Abwesenheit des Anklägers zu verurteilen, dann wäre ich nicht auf einem ganz kleinen Schiff von Vibo[128] nach Velia[129] gereist,[130] ringsum bedroht durch die Geschosse von entlaufenen Sklaven[131] und Räubern und deinen Leuten.[132] Damals

festinatio fuit cum periculo capitis, ob eam causam ne tu ex reis eximerere si ego ad diem non adfuissem. Quod igitur tibi erat in tuo iudicio optatissimum, me cum citatus essem non adesse, cur Sthenio non putasti prodesse oportere, cum eius accusator non adfuisset? Itaque fecit ut exitus principio simillimus reperiretur: quem absentem reum fecerat, eum absente accusatore condemnat.

41 (100) Nuntiabatur illi primis illis temporibus, id quod pater quoque ad eum pluribus verbis scripserat, agitatam rem esse in senatu; etiam in contione tribunum plebis de causa Stheni, M. Palicanum, esse questum; postremo me ipsum apud hoc collegium tribunorum plebis, cum eorum omnium edicto non liceret Romae quemquam esse qui rei capitalis condemnatus esset, egisse causam Stheni, et, cum ita rem exposuissem quem ad modum nunc apud vos, docuissemque hanc damnationem duci non oportere, x tribunos plebis hoc statuisse, idque de omnium sententia pronuntiatum esse, NON VIDERI STHENIUM IMPEDIRI EDICTO QUO MINUS EI ROMAE LICERET ESSE. (101) Cum haec ad istum adferrentur, pertimuit aliquando et commotus est; vertit stilum in tabulis suis, quo facto causam omnem evertit suam; nihil enim sibi reliqui fecit quod defendi aliqua ratione posset. Nam si ita defenderet, 'Recipi nomen absentis licet; hoc fieri in provincia nulla lex vetat,' mala et improba defensione, verum aliqua tamen uti videretur; postremo illo desperatissimo perfugio uti posset, se imprudentem fecisse, existimasse id licere. Quamquam haec perditissima defensio est, tamen aliquid dici

war meine ganze mit Lebensgefahr verbundene Eile in der Sorge begründet, du könntest aus der Liste der Angeklagten gestrichen werden, wenn ich nicht termingerecht erschiene. Dir also wäre es in deinem Prozeß sehr erwünscht gewesen, wenn ich, als ich aufgerufen wurde, nicht da gewesen wäre; warum glaubtest du, es dürfe Sthenius nicht zustatten kommen, daß sein Ankläger nicht da war? Er handelte also so, daß sich das Ende als das genaue Ebenbild des Anfangs erwies: den Mann, den er in Abwesenheit angeklagt hatte, den verurteilte er in Abwesenheit des Anklägers.

41 (100) Man berichtete ihm sehr bald danach, was ihm auch sein Vater ausführlich geschrieben hatte: die Sache sei im Senat verhandelt worden; auch in der Volksversammlung habe sich der Volkstribun M. Palicanus[133] über den Fall Sthenius beklagt; schließlich hätte auch ich vor dem Kollegium der Volkstribunen den Fall Sthenius vorgetragen, da sich nach einer gemeinsamen Verfügung derselben niemand in Rom aufhalten durfte, der wegen eines Kapitalverbrechens verurteilt war; und nachdem ich die Sache so dargestellt hätte wie jetzt vor euch und aufgewiesen hätte, daß man das nicht als Verurteilung ansehen dürfe, da sei von den zehn Volkstribunen festgestellt und einmütig bekanntgegeben worden: man sei nicht der Ansicht, daß Sthenius durch die Verfügung gehindert werde, sich in Rom aufzuhalten. (101) Als ihm dies berichtet wurde, geriet er eine Zeitlang in Angst und Unruhe. Er begann in seinen Protokollen zu streichen, wodurch er seiner ganzen Sache einen üblen Streich spielte;[134] denn er ließ nichts übrig, was sich auf irgendeine Weise zu seiner Rechtfertigung vorbringen ließe. Denn wenn er sich so rechtfertigen wollte: »Eine Klage gegen einen Abwesenden anzunehmen, ist erlaubt, dies in der Provinz zu tun, verbietet kein Gesetz«, so würde er sich offenbar einer schlechten und schamlosen Rechtfertigung bedienen; schließlich hätte er auf die ganz verzweifelte Ausflucht kommen können, er habe es aus Unkenntnis getan, er habe angenommen, es sei erlaubt. Freilich, dies wäre eine ganz hoffnungslose Art von Rechtfertigung, doch wenigstens würde es so aussehen, als würde

videretur. Tollit ex tabulis id quod erat, et facit coram esse delatum.

42 (102) Hic videte in quot se laqueos induerit, quorum ex nullo se, iudices, umquam expediet. Primum ipse in Sicilia saepe et palam de loco superiore dixerat et in sermone multis demonstrarat licere nomen recipere absentis; se exemplo fecisse quod fecisset. Haec eum dictitasse priore actione et Sex. Pompeius Chlorus dixit, de cuius virtute antea commemoravi, et Cn. Pompeius Theodorus, homo et Cn. Pompei, clarissimi viri, iudicio plurimis maximisque in rebus probatissimus et omnium existimatione ornatissimus, et Posides Macro Soluntinus, homo summa nobilitate existimatione virtute et hac actione quam voletis multi dicent, et qui ex isto ipso audierunt viri primarii nostri ordinis, et alii qui interfuerunt cum absentis nomen reciperetur. Deinde Romae, cum haec acta res esset in senatu, omnes istius amici, in his etiam pater eius hoc defendebat, licere fieri; saepe esse factum; iste quod fecisset aliorum exemplo institutoque fecisse. (103) Dicit praeterea testimonium tota Sicilia, quae in communibus postulatis civitatum omnium consulibus edidit, rogare atque orare patres conscriptos ut statuerent ne absentium nomina reciperentur. Qua de re Cn. Lentulum, patronum Siciliae, clarissimum adulescentem, dicere audistis, Siculos, cum se causam quae sibi in senatu pro his agenda esset docerent, de Stheni calamitate questos esse, propterque hanc

etwas gesagt. Er aber streicht aus den Protokollen, was darin stand, und schreibt hinein, Sthenius sei in Anwesenheit angeklagt worden.

42 (102) Seht nun, in wie viele Schlingen er sich verwickelt hat, und aus keiner von ihnen, ihr Richter, wird er sich jemals befreien. Erstens hatte er selbst in Sizilien oft öffentlich von seinem erhöhten Platz aus erklärt und gesprächsweise vielen Leuten auseinandergesetzt, es sei erlaubt, eine Klage gegen einen Abwesenden anzunehmen; er habe nach Vorbildern getan, was er getan habe. Daß er dies oft äußerte, hat in der ersten Verhandlung Sex. Pompeius Chlorus ausgesagt, von dessen charakterlicher Zuverlässigkeit ich schon vorher gesprochen habe, ferner Cn. Pompeius Theodorus, ein Mann, der sich nach dem Urteil des erlauchten Cn. Pompeius[135] in sehr vielen und sehr bedeutsamen Angelegenheiten äußerst bewährt hat und allgemein als hochgeachtete Persönlichkeit gilt und dazu noch Posides Macron aus Solus[136], ein durch Herkunft, Ansehen und Charakter ganz vorzüglicher Mann, und auch in dieser Verhandlung werden das so viele, wie ihr wollt, bestätigen, sowohl Leute, die es von ihm selbst gehört haben, führende Männer unseres Standes, wie auch andere, die dabei waren, als die Klage gegen den Abwesenden angenommen wurde. Sodann suchten ihn in Rom, als diese Angelegenheit im Senat verhandelt wurde, alle seine Freunde, darunter auch sein Vater, mit diesem Hinweis zu verteidigen: es sei erlaubt, das zu tun; oft schon sei es getan worden; was Verres getan, habe er nach dem Vorbild und der Gewohnheit anderer getan. (103) Außerdem legt hierüber ganz Sizilien Zeugnis ab, das unter den gemeinsamen Forderungen aller Staaten[137] den Konsuln auch die vorlegte, sie möchten die versammelten Väter inständig bitten zu beschließen, daß gegen Abwesende keine Klagen angenommen werden dürften. Hierüber habt ihr auch Cn. Lentulus[138], den Schutzherrn Siziliens, einen sehr angesehenen jungen Mann, folgendes aussagen gehört: als die Sizilier ihn über die Sache unterrichteten, die er im Senat für sie vertreten sollte, hätten diese sich über das Mißgeschick des Sthenius beklagt und

iniuriam quae Sthenio facta esset eos statuisse ut hoc quod dico postularetur. (104) Quae cum ita essent, tantane amentia praeditus atque audacia fuisti ut in re tam clara, tam testata, tam abs te ipso pervulgata tabulas publicas corrumpere auderes? At quem ad modum corrupisti? nonne ita ut omnibus nobis tacentibus ipsae tuae te tabulae condemnare possent? Cedo, quaeso, codicem, circumfer, ostende. Videtisne totum hoc nomen, coram ubi facit delatum, esse in litura? Quid fuit istic antea scriptum? quod mendum ista litura correxit? Quid a nobis, iudices, exspectatis argumenta huius criminis? Nihil dicimus; tabulae sunt in medio, quae se corruptas atque interlitas esse clamant. (105) Ex istis etiam tu rebus effugere te posse confidis, cum te nos non opinione dubia, sed tuis vestigiis persequamur, quae tu in tabulis publicis expressa ac recentia reliquisti? Is mihi etiam Sthenium litteras publicas corrupisse causa incognita iudicavit, qui defendere non poterit se non *in* ipsius Stheni nomine litteras publicas corrupisse?

43 (106) Videte porro aliam amentiam; videte ut, dum expedire sese vult, induat. Cognitorem adscribit Sthenio – quem? cognatum aliquem aut propinquum? Non. Thermitanum aliquem, honestum hominem ac nobilem? Ne id quidem. At Siculum, in quo aliquis splendor dignitasque esset? Neminem. Quid igitur? Civem Romanum. Cui hoc probari potest? Cum esset Sthenius civitatis suae nobilissimus, amplissima cognatione, plurimis amicitiis, cum praeterea tota Sicilia mul-

wegen des Unrechts, das dem Sthenius angetan worden sei, das zu fordern beschlossen, was ich jetzt sage. (104) Wie konntest du unter diesen Umständen so wahnsinnig und so frech sein, daß du in einer so klaren, so sicher bezeugten, so allgemein von dir selbst verbreiteten Angelegenheit öffentliche Protokolle zu fälschen wagtest? Doch wie hast du sie gefälscht? Nicht so, daß dich, wenn wir auch alle schwiegen, allein schon deine Protokolle schuldig sprechen könnten? Gib doch bitte den Protokollband her, reiche ihn herum, zeige ihn vor.[139] Seht ihr nicht, daß die ganze Eintragung, in der er angibt, die Klage sei in Gegenwart des Sthenius erhoben worden, an einer Stelle steht, wo radiert worden ist? Was stand vorher dort geschrieben? Welchen Fehler hat diese Streichung berichtigt? Was erwartet ihr von uns noch Beweise für dieses Vergehen, ihr Richter? Wir sagen nichts: die Protokolle liegen euch vor, die deutlich verraten, daß sie gefälscht und überschrieben sind. (105) Glaubst du aus diesen Schwierigkeiten noch herauskommen zu können, da wir dich nicht aufgrund einer zweifelhaften Vermutung, sondern auf deinen eigenen Spuren verfolgen, die du in den öffentlichen Protokollen deutlich abgedrückt und frisch hinterlassen hast? Dieser Mensch hat mir sogar einen Sthenius ohne Untersuchung des Falles wegen Fälschung öffentlicher Urkunden verurteilt, er, der nicht zu entkräften vermag, daß er eben um des Sthenius willen selbst öffentliche Urkunden gefälscht hat?

43 (106) Seht euch noch eine andere Verrücktheit an, seht, wie er sich verstrickt, indem er sich freimachen will. Er trägt als Rechtsbeistand für Sthenius ins Protokoll ein – wen? Einen Verwandten oder Angehörigen? Nein. Einen Bewohner von Thermai, einen ehrenhaften und angesehenen Mann? Auch das nicht. Aber doch sicher einen Sizilier, der einige Bedeutung und Würde besitzt? Keineswegs. Wen also denn? Einen römischen Bürger. Wem kann man das glaubhaft machen? Obwohl Sthenius der vornehmste Mann seiner Gemeinde war, eine sehr große Verwandtschaft und sehr viele Freunde hatte, obwohl er außerdem in ganz Sizilien viel

tum auctoritate et gratia posset, invenire neminem Siculum potuit qui pro se cognitor fieret? Hoc probabis? An ipse civem Romanum maluit? Cedo cui Siculo, cum is reus fieret, civis Romanus cognitor factus umquam sit. Omnium praetorum litteras qui ante te fuerunt profer, explica; si unum inveneris, ego hoc tibi, quem ad modum in tabulis scriptum habes, ita gestum esse concedam. (107) At, credo, Sthenius hoc sibi amplum putavit, eligere ex civium Romanorum numero, ex amicorum atque hospitum suorum copia, quem cognitorem daret. Quem delegit? quis in tabulis scriptus est? C. Claudius C. F. Palatina. Non quaero quis hic sit Claudius, quam splendidus, quam honestus, quam idoneus propter cuius auctoritatem et dignitatem Sthenius ab omnium Siculorum consuetudine discederet et civem Romanum cognitorem daret. Nihil horum quaero; fortasse enim Sthenius non splendorem hominis, sed familiaritatem secutus est. Quid? si omnium mortalium Sthenio nemo inimicior quam hic C. Claudius cum semper tum in his ipsis rebus et temporibus fuit, si de litteris corruptis contra venit, si contra omni ratione pugnavit, utrum potius pro Sthenio inimicum cognitorem esse factum an te ad Stheni periculum inimici eius nomine abusum esse credemus?

44 (108) Ac ne qui forte dubitet cuius modi hoc totum sit negotium, tametsi iam dudum omnibus istius improbitatem perspicuam esse confido, tamen paulum etiam attendite. Videtis illum subcrispo capillo, nigrum, qui eo vultu nos

durch sein Ansehen und durch seinen Einfluß vermochte, konnte er keinen Sizilier finden, der für ihn als Rechtsbeistand aufgetreten wäre? Das willst du uns glaubhaft machen? Oder wollte er selbst lieber einen römischen Bürger? Sag mir doch bitte: welchem Sizilier, der angeklagt wurde, ist jemals ein römischer Bürger als Rechtsbeistand gegeben worden? Bringe die Akten aller Prätoren vor dir herbei und schlage sie auf: wenn du nur einen findest, dann will ich dir einräumen, daß dies so geschehen ist, wie es in deinem Protokoll geschrieben steht. (107) Doch vielleicht hielt Sthenius es für eine Auszeichnung, jemanden aus der Zahl der römischen Bürger, aus der Menge seiner guten Bekannten und Gastfreunde auszuwählen, um ihn als Rechtsbeistand namhaft zu machen. Und wen hat er ausgewählt? Wer ist in dem Protokoll eingetragen? C. Claudius, der Sohn des Gaius, aus dem palatinischen Bezirk.[140] Ich frage nicht, wer dieser Claudius sei, wie bedeutend, wie angesehen, wie geeignet, so daß wegen seines Ansehens und seines Ranges Sthenius von der Gewohnheit aller Sizilier abging und einen römischen Bürger als Rechtsbeistand namhaft machte. Nichts dergleichen frage ich; denn vielleicht hat sich Sthenius nicht von dem glänzenden Bild dieser Person, sondern von dem freundschaftlichen Verhältnis leiten lassen. Wie aber, wenn von allen Sterblichen niemand dem Sthenius feindlicher gesonnen war als dieser C. Claudius, schon immer und besonders bei eben dieser Sache und zu dieser Zeit, wenn er wegen Urkundenfälschung gegen ihn vorging, wenn er auf jede Weise gegen ihn kämpfte: was sollen wir dann eher glauben – daß er, der Feind, wirklich zum Schutze des Sthenius als Rechtsbeistand bestellt worden ist oder daß du den Namen dieses Feindes mißbraucht hast, um Sthenius in Gefahr zu bringen?

44 (108) Und damit niemand etwa noch zweifelt, von welcher Art dieser ganze Handel ist, widmet mir, wenn ich auch glaube, daß die Unverschämtheit des Verres schon längst allen deutlich ist, doch noch ein wenig Aufmerksamkeit. Ihr seht dort den dunkelhäutigen Burschen mit dem etwas krausen Haar, der uns mit einer Miene anblickt, als ob er sich

intuetur ut sibi ipse peracutus esse videatur, qui tabulas tenet, qui scribit, qui monet, qui proximus est. Is est Claudius, qui in Sicilia sequester istius, interpres, confector negotiorum, prope conlega Timarchidi numerabatur, nunc obtinet eum locum ut vix Apronio illi de familiaritate concedere videatur, ei qui se non Timarchidi sed ipsius Verris conlegam et socium esse dicebat. (109) Dubitate etiam, si potestis, quin eum iste potissimum ex omni numero delegerit cui hanc cognitoris falsi improbam personam imponeret, quem et huic inimicissimum et sibi amicissimum esse arbitraretur! Hic vos dubitabitis, iudices, tantam istius audaciam, tantam crudelitatem, tantam iniuriam vindicare? dubitabitis exemplum illorum iudicum sequi qui damnato Cn. Dolabella damnationem Philodami Opuntii resciderunt, quod is non absens reus factus esset, quae res iniquissima atque acerbissima est, sed cum ei legatio iam Romam a suis civibus esset data? Quod illi iudices multo in leviore causa statuerunt aequitatem secuti, vos id statuere in gravissima causa, praesertim aliorum auctoritate iam confirmatum, dubitabitis?

45 (110) At quem hominem, C. Verres, tanta tam insigni iniuria adfecisti? quem hominem absentem de litteris corruptis causa incognita condemnasti? cuius absentis nomen recepisti? quem absentem non modo sine crimine et sine teste, verum etiam sine accusatore damnasti? Quem hominem? di immortales! non dicam amicum tuum, quod apud homines clarissimum est, non hospitem, quod sanctissimum est; nihil enim minus libenter de Sthenio commemoro, nihil aliud in eo

selbst für sehr scharfsinnig hielte, der eine Schreibtafel in der Hand hat, der schreibt, der Ratschläge gibt, der dicht neben Verres sitzt. Das ist Claudius, der in Sizilien als sein Mittelsmann, Unterhändler und Geschäftsführer, nahezu als Genosse des Timarchides angesehen wurde; jetzt aber nimmt er einen solchen Platz ein, daß er wohl kaum dem berüchtigten Apronius[141] in der Stellung eines engen Vertrauten nachsteht, dem Manne, der behauptete, er sei nicht nur Genosse und Partner des Timarchides, sondern des Verres selbst. (109) Zweifelt jetzt noch, wenn ihr könnt, daß Verres gerade ihn aus der ganzen Zahl seiner Leute ausgewählt hat, um ihm die üble Rolle eines falschen Rechtsbeistandes aufzubürden, weil er überzeugt war, daß er der erbittertste Feind des Sthenius und sein ergebenster Freund sei! Und da zögert ihr noch, ihr Richter, eine solche Frechheit, eine solche Grausamkeit, ein solches Unrecht des Verres zu ahnden? Zögert ihr, dem Beispiel der Richter zu folgen, die nach der Verurteilung des Cn. Dolabella[142] die Verurteilung des Philodamos von Opus[143] aufhoben, weil er nicht etwa in Abwesenheit angeklagt worden war (und das ist das Ungerechteste und Grausamste, was es gibt), sondern nachdem ihm seine Mitbürger bereits eine Gesandtschaft nach Rom übertragen hatten.[144] Was jene Richter in einem viel leichteren Falle aus Gründen der Gerechtigkeit beschlossen haben, das zögert ihr, in einem sehr schlimmen Fall zu beschließen, zumal eine solche Entscheidung durch das Beispiel anderer noch gestützt ist.

45 (110) Doch was für einem Mann, C. Verres, hast du ein so großes, so unerhörtes Unrecht angetan? Was für einen Mann hast du in Abwesenheit, ohne den Fall zu untersuchen, wegen Urkundenfälschung verurteilt? Gegen wen hast du in seiner Abwesenheit eine Klage angenommen? Wen hast du in seiner Abwesenheit nicht nur ohne begründete Anklage und ohne Zeugen, sondern auch ohne Ankläger verurteilt? Was für einen Mann? Bei den unsterblichen Göttern! Ich will nicht sagen: deinen Freund, was bei den Menschen das Kostbarste ist; nicht: deinen Gastgeber, was das Heiligste ist. Denn nichts erwähne ich weniger gern von Sthenius; nichts anderes

quod reprehendi possit invenio nisi quod homo frugalissimus atque integerrimus te, hominem plenum stupri flagiti sceleris, domum suam invitavit, nisi quod, qui C. Mari, Cn. Pompei, C. Marcelli, L. Sisennae, tui defensoris, ceterorum virorum fortissimorum hospes fuisset atque esset, ad eum numerum clarissimorum hominum tuum quoque nomen adscripsit. (111) Quare de hospitio violato et de tuo isto scelere nefario nil queror; hoc dico non iis qui Sthenium norunt, hoc est nemini eorum qui in Sicilia fuerunt, – nemo enim ignorat quo hic in civitate sua splendore, qua apud omnis Siculos dignitate atque existimatione sit; sed ut illi quoque qui in ea provincia non fuerunt intellegere possint in quo homine tu statueris exemplum eius modi, quod cum propter iniquitatem rei tum etiam propter hominis dignitatem acerbum omnibus atque intolerandum videretur. **46** (112) Estne Sthenius is qui, omnis honores domi suae facillime cum adeptus esset, amplissime ac magnificentissime gessit, qui oppidum non maximum maximis ex pecunia sua locis communibus monumentisque decoravit, cuius de meritis in rem publicam Thermitanorum Siculosque universos fuit aenea tabula fixa Thermis in curia, in qua publice erat de huius beneficiis scriptum et incisum? quae tabula tum imperio tuo revulsa, nunc a me tamen deportata est, ut omnes huius honores inter suos et amplitudinem possent cognoscere. (113) Estne hic qui apud Cn. Pompeium, clarissimum virum, cum accusatus esset, quod propter C. Mari familiaritatem et hospitium contra rem publicam

entdecke ich an ihm, was man tadeln könnte, als daß er, ein so grundanständiger und redlicher Mensch, dich, einen mit Unzucht, Schande und Verbrechen Belasteten, in sein Haus eingeladen hat, als daß er, der ein Gastfreund des C. Marius[145], des Cn. Pompeius, des C. Marcellus[146], deines Verteidigers L. Sisenna[147] und anderer sehr tüchtiger Männer gewesen ist und noch ist, zu dieser Zahl erlauchter Männer auch deinen Namen hinzugefügt hat. (111) Deshalb will ich mich über die Verletzung des Gastrechts und über diesen deinen ruchlosen Frevel nicht beklagen; nur davon spreche ich – nicht zu denen, die Sthenius kennen, das heißt zu keinem von denen, die je in Sizilien gewesen sind (denn jeder von diesen weiß, welch glänzende Stellung er in seiner Heimatgemeinde einnimmt, welches Ansehen und welche Wertschätzung er genießt), sondern damit auch die, die nicht in dieser Provinz gewesen sind, erkennen können, an was für einem Mann du ein derartiges Beispiel aufgestellt hast, das nicht nur wegen der Ungerechtigkeit des Vorganges, sondern auch wegen des Ranges des Mannes allen grausam und unerträglich erschien. **46** (112) Ist es nicht der Sthenius, der in seiner Vaterstadt alle Ämter sehr leicht erlangt sowie in der glänzendsten und großartigsten Weise verwaltet hat? Der eine nicht sehr große Stadt von seinem eigenen Geld mit den größten öffentlichen Plätzen und Denkmälern geschmückt hat? Dessen Verdienste um das Gemeinwesen von Thermai und um alle Sizilier dadurch gewürdigt wurden, daß man im Rathaus zu Thermai eine Bronzetafel anbrachte, auf der im Auftrag der Gemeinde seine Wohltaten aufgezeichnet und eingraviert waren? Diese Tafel wurde damals auf deinen Befehl entfernt; doch jetzt habe ich sie hierher gebracht, damit sich alle von den Ehrungen und dem großen Ansehen, die Sthenius unter seinen Landsleuten zuteil wurden, ein Bild machen können. (113) Ist es nicht der, der bei dem erlauchten Cn. Pompeius angeklagt worden war,[148] weil er, wie seine Feinde und Ankläger behaupteten, durch seinen vertrauten Umgang und durch die Gastfreundschaft mit C. Marius eine staatsfeindliche Gesinnung gezeigt habe, und der, als man ihn

sensisse eum inimici et accusatores eius dicerent, cumque magis invidioso crimine quam vero arcesseretur, ita a Cn. Pompeio absolutus est ut in eo ipso iudicio Pompeius hunc hospitio suo dignissimum statueret? ita porro laudatus defensusque ab omnibus Siculis ut idem Pompeius non ab homine solum, sed etiam a provincia tota se huius absolutione inire gratiam arbitraretur? Postremo estne hic qui et animum in rem publicam habuit eius modi et tantum auctoritate apud suos civis potuit ut perficeret in Sicilia solus te praetore, quod non modo Siculus nemo sed ne Sicilia quidem tota potuisset, ut ex oppido Thermis nullum signum, nullum ornamentum, nihil ex sacro, nihil de publico attingeres, cum praesertim et essent multa praeclara et tu omnia concupisses? (114) Denique nunc vide quid inter te, cuius nomine apud Siculos dies festi aguntur et praeclara illa Verria celebrantur, cui statuae Romae stant inauratae a communi Siciliae, quem ad modum inscriptum videmus, datae – vide, inquam, quid inter te et hunc Siculum, qui abs te est, patrono Siciliae, condemnatus, intersit. Hunc civitates ex Sicilia permultae testimonio suo legationibusque ad eam rem missis publice laudant: te, omnium Siculorum patronum, una Mamertina civitas, socia furtorum ac flagitiorum tuorum, publice laudat – ita tamen novo more ut legati laedant, legatio laudet – ceterae quidem civitates publice litteris legationibus testimoniis accusant, queruntur, arguunt: si tu absolutus sis, se funditus eversas esse arbitrantur.

47 (115) Hoc de homine ac de huius bonis etiam in Eryco

wegen eines mehr gehässigen als wahren Vorwurfs belangte, von Cn. Pompeius in der Weise freigesprochen wurde, daß Pompeius ihn während eben dieses Verfahrens als seiner Gastfreundschaft für in höchstem Maße würdig erklärte? Der außerdem von allen Siziliern so gelobt und verteidigt wurde, daß derselbe Pompeius glaubte, sich nicht nur von Sthenius, sondern auch von der ganzen Provinz durch seinen Freispruch Dank zu erwerben? Und schließlich: Ist es nicht der, der eine solche Liebe für sein Gemeinwesen empfand und durch das Gewicht seiner Persönlichkeit so viel bei seinen Mitbürgern vermochte, daß er unter deiner Prätur als einziger in Sizilien durchsetzte, was kein anderer Sizilier, ja nicht einmal ganz Sizilien fertiggebracht hätte, daß du keine Statue, kein Kunstwerk aus der Stadt Thermai, nichts aus dem Tempelgut, nichts aus dem öffentlichen Eigentum angerührt hast, obwohl es dort doch viele herrliche Dinge gab und du alle in deiner Gier haben wolltest? (114) Sieh doch jetzt endlich ein, welcher Unterschied zwischen dir, in dessen Namen bei den Siziliern Festtage veranstaltet und das prachtvolle Verres-Fest[149] gefeiert wird, zu dessen Ehren in Rom vergoldete Statuen stehen, die, wie wir aus den Inschriften ersehen, von ganz Sizilien gemeinsam gestiftet sind[150] – sieh doch ein, wiederhole ich, welcher Unterschied zwischen dir und diesem Sizilier besteht, der von dir, dem Schutzherrn Siziliens,[151] verurteilt worden ist. Ihn loben von Amts wegen viele Gemeinden Siziliens durch ihr Zeugnis und durch Gesandtschaften, die man zu diesem Zwecke geschickt hat; dich, den Schutzherrn aller Sizilier, lobt von Amts wegen allein die Gemeinde der Mamertiner, da beteiligt an deinen Diebereien und Schandtaten, jedoch so (und das ist ohne Beispiel), daß die Gesandtschaft dich belobigt, die einzelnen Gesandten aber dich beschuldigen;[152] die übrigen Gemeinden dagegen erheben von Amts wegen durch Schreiben, Gesandtschaften und Zeugenaussagen Anklagen, Beschwerden und Beschuldigungen; wenn du freigesprochen wirst, dann sind sie, glauben sie, völlig erledigt.

47 (115) Auf Kosten dieses Mannes und von seinem Vermö-

monte monumentum tuorum [furtorum,] flagitiorum crudelitatisque posuisti, in quo Stheni Thermitani nomen adscriptum est. Vidi argenteum Cupidinem cum lampade. Quid tandem habuit argumenti aut rationis res quam ob rem in eo potissimum Sthenianum praemium poneretur? utrum hoc signum cupiditatis tuae an tropaeum necessitudinis atque hospiti an amoris indicium esse voluisti? Faciunt hoc homines quos in summa nequitia non solum libido et voluptas, verum etiam ipsius nequitiae fama delectet, ut multis in locis notas ac vestigia suorum flagitiorum relinqui velint. (116) Ardebat amore illius hospitae propter quam hospiti iura violarat; hoc non solum sciri tum, verum etiam commemorari semper volebat; itaque ex illa ipsa re quam accusante Agathino gesserat Veneri potissimum deberi praemium statuit, quae illam totam accusationem iudiciumque conflarat. Putarem te gratum in deos si hoc donum Veneri non de Stheni bonis dedisses, sed de tuis; quod facere debuisti, praesertim cum tibi illo ipso anno a Chelidone venisset hereditas.

(117) Hic ego, si hanc causam non omnium Siculorum rogatu recepissem, si hoc a me muneris non universa provincia poposcisset, si me animus atque amor in rem publicam existimatioque offensa nostri ordinis ac iudiciorum non hoc facere coegisset, atque haec una causa fuisset quod amicum atque hospitem meum Sthenium, quem ego in quaestura mea singulariter dilexissem, de quo optime existimassem, quem in provincia existimationis meae studiosissimum cupidissimumque cognossem, tam crudeliter scelerate nefarieque tractasses,

gen hast du auch auf dem Berge Eryx[153] ein Denkmal deiner Schandtaten und deiner Grausamkeit aufgestellt, auf dem der Name des Sthenius von Thermai geschrieben steht. Ich habe es dort gesehen, einen silbernen Cupido mit einer Fackel. Was war eigentlich der Sinn und der Grund dafür, gerade dem Cupido einen Preis für den Sieg über Sthenius zu weihen? Wolltest du, daß diese Statue ein Zeichen deiner Gier oder ein Siegesmal über Freundschaft und gastliche Aufnahme oder ein Beweis der Liebe sein sollte? So etwas tun Leute, die in ihrer bodenlosen Verdorbenheit nicht nur an der Lust und dem Vergnügen, sondern auch an dem Ruf ihrer Verdorbenheit selbst Freude haben, so daß sie an vielen Stellen Zeichen und Spuren ihrer Schandtaten zurücklassen wollen. (116) Er war in Liebe zu seiner Gastgeberin entbrannt, deretwegen er die Gesetze der Gastfreundschaft verletzt hatte. Dies, wünschte er, sollte man nicht nur damals wissen, sondern auch immer sich daran erinnern. Daher entschied er, er sei wegen eben der Tat, die er auf die Anklage des Agathinos hin vollbracht hatte, in erster Linie der Venus eine Belohnung schuldig, da sie ja die ganze Anklage und den Prozeß veranlaßt hatte. Ich hielte dich für dankbar gegen die Götter, wenn du der Venus dieses Geschenk nicht aus dem Vermögen des Sthenius gespendet hättest, sondern aus deinem eigenen; das hättest du tun müssen, zumal da dir gerade in diesem Jahr eine Erbschaft von der Chelidon[154] zugefallen war.

(117) Hier möchte ich nun sagen: wenn ich diese Sache nicht auf Bitten aller Sizilier übernommen, wenn nicht die ganze Provinz diesen Dienst von mir gefordert, wenn mich nicht mein Herz und meine Liebe für den Staat sowie der angeschlagene Ruf unseres Standes[155] und der Gerichte dazu gezwungen hätte, das zu tun, und wenn das der einzige Grund gewesen wäre, daß du meinen Freund und Gastgeber Sthenius, den ich während meiner Quästur außerordentlich geschätzt, über den ich mir ein sehr günstiges Urteil gebildet und den ich in der Provinz als einen Mann kennengelernt hatte, der aufs eifrigste auf meinen Ruf bedacht war, daß du den so grausam, frevelhaft und gemein behandelt hattest: so

tamen digna causa videretur cur inimicitias hominis improbissimi susciperem, ut hospitis salutem fortunasque defenderem. (118) Fecerunt hoc multi apud maiores nostros, fecit etiam nuper homo clarissimus, Cn. Domitius, qui M. Silanum, consularem hominem, accusavit propter Aegritomari Transalpini hospitis iniurias. Putarem me idoneum qui exemplum sequerer humanitatis atque offici, proponeremque spem meis hospitibus ac necessariis quo tutiorem sese vitam meo praesidio victuros esse arbitrarentur; cum vero in communibus iniuriis totius provinciae Stheni quoque causa contineatur, multique uno tempore a me hospites atque amici publice privatimque defendantur, profecto vereri non debeo ne quis hoc quod facio non existimet me summi offici ratione impulsum coactumque suscepisse.

48 Atque ut aliquando de rebus ab isto cognitis iudicatisque et de iudiciis datis dicere desistamus, et, quoniam facta istius in his generibus infinita sunt, nos modum aliquem et finem orationi nostrae criminibusque faciamus, pauca ex aliis generibus sumemus. (119) Audistis ob ius dicendum Q. Varium dicere procuratores suos isti centum triginta milia nummum dedisse, meministis Q. Vari testimonium, remque hanc totam C. Sacerdotis, hominis ornatissimi, testimonio comprobari, scitis Cn. Sertium, M. Modium, equites Romanos, sescentos praeterea civis Romanos multosque Siculos dixisse se isti pecuniam ob ius dicendum dedisse. De quo crimine quid ego disputem, cum id totum positum sit in testibus? quid porro argumenter, qua de re dubitare nemo possit? An hoc dubita-

wäre mir doch dieser Grund als triftig genug erschienen, mir die Feindschaft eines abgrundschlechten Menschen zuzuziehen und das Wohl und die Existenz eines Gastfreundes zu verteidigen. (118) Dies taten viele zur Zeit unserer Vorfahren, dies tat noch kürzlich der erlauchte Cn. Domitius, der den ehemaligen Konsul M. Silanus anklagte wegen der seinem Gastfreund, dem Transalpiner Aegritomarus, zugefügten Kränkungen.[156] Ich würde mich für fähig halten, dem Beispiel der Menschlichkeit und Pflichtauffassung zu folgen und meinen Gastfreunden und mir nahestehenden Menschen das hoffnungsvolle Gefühl zu vermitteln, daß sie ihr Leben unter meinem Schutze sicherer führen können. Da aber die Sache des Sthenius nur ein Teil des allgemeinen, der ganzen Provinz angetanen Unrechts ist und ich gleichzeitig viele Gastgeber und Freunde sowohl von Staats wegen als auch aus persönlichen Gründen verteidige, brauche ich sicherlich nicht zu befürchten, man könnte glauben, zur Übernahme dessen, was ich tue, hätte mich nicht die Rücksicht auf äußerste Pflichterfüllung angestoßen und getrieben.

48 Doch wir wollen jetzt endlich aufhören, über die von ihm untersuchten und entschiedenen Fälle und die von ihm zugelassenen Gerichtsverfahren zu sprechen, und, da seine Taten auf diesem Gebiet unzählig sind, wollen wir unserer Rede und unseren Vorwürfen von uns aus Maß und Grenze setzen; wir werden uns jetzt einiges aus anderen Gebieten vornehmen. (119) Ihr habt gehört, wie Q. Varius aussagte, seine Vertreter hätten dem Verres um eines günstigen Urteilsspruches willen 130000 Sesterzen gegeben; ihr erinnert euch an die Zeugenaussage des Q. Varius und daß der ganze Sachverhalt durch die Aussage des hochgeschätzten C. Sacerdos bestätigt wird; ihr wißt, daß die römischen Ritter Cn. Sertius und M. Modius, außerdem unzählige römische Bürger und viele Sizilier ausgesagt haben, sie hätten dem Verres um eines günstigen Urteilsspruches willen Geld gegeben. Was soll ich mich über diesen Anklagepunkt noch weiter verbreiten? Er stützt sich ja ganz und gar auf die Zeugen. Was soll ich noch Beweise beibringen für Dinge, an denen niemand zweifeln

bit quisquam omnium, quin is venalem in Sicilia iuris dictionem habuerit qui Romae totum edictum atque omnia decreta vendiderit? et quin is ab Siculis ob decreta interponenda pecunias ceperit, qui M. Octavium Ligurem pecuniam ob ius dicendum poposcerit? (120) Quod enim iste praeterea genus pecuniae cogendae praeteriit? quod non ab omnibus aliis praeteritum excogitavit? ecqua res apud civitates Siculas expetitur, in qua aut honos aliquis sit aut potestas aut procuratio, quin eam rem tu ad tuum quaestum nundinationemque hominum traduxeris? **49** Dicta sunt priore actione et privatim et publice testimonia; legati Centuripini, Halaesini, Catinenses, Panhormitanique dixerunt, multarum praeterea civitatum, iam vero privatim plurimi. Quorum ex testimoniis cognoscere potuistis tota Sicilia per triennium neminem ulla in civitate senatorem factum esse gratiis, neminem, ut leges eorum sunt, suffragiis, neminem nisi istius imperio aut litteris; atque in his omnibus senatoribus cooptandis non modo suffragia nulla fuisse, sed ne genera quidem spectata esse ex quibus in eum ordinem cooptari liceret, neque census neque aetates neque cetera Siculorum iura valuisse; (121) quicumque senator voluerit fieri, quamvis puer, quamvis indignus, quamvis ex eo loco ex quo non liceret, si is pretio apud istum idoneos vinceret, factum esse semper; non modo Siculorum nihil in hac re valuisse leges, sed ne ab senatu quidem populoque Romano datas. Quas enim leges sociis amicisque dat is qui habet impe-

kann? Oder wird überhaupt noch jemand bezweifeln, daß Verres in Sizilien die Rechtsprechung feilgeboten hat, da er doch in Rom das ganze Edikt und alle seine Verordnungen verkauft hat? Und daß er von den Siziliern für Verordnungen Geld genommen habe, da er doch von M. Octavius Ligus[157] für ein Gerichtsurteil Geld verlangt hat? (120) Denn welche sonstige Methode, Geld einzutreiben, hat er ausgelassen? Welche Methode sich nicht ausgedacht, auf die alle anderen nicht gekommen wären? Gibt es in den sizilischen Gemeinden irgendeinen erstrebenswerten Posten, mit dem auch nur einige Ehre oder Macht oder Verwaltungstätigkeit verknüpft ist, den du nicht zu deinem Gewinn und zum Schachern mit Menschen verwendet hättest? **49** Dazu gibt es Zeugenaussagen, die in der ersten Verhandlung sowohl von Privatpersonen als auch von Gemeinden gemacht wurden; Gesandte aus Centuripae[158], Halaesa[159], Catina[160] und Panormos haben ausgesagt, außerdem die aus vielen anderen Gemeinden und ferner sehr viele Privatpersonen. Aus den Zeugenaussagen dieser Leute konntet ihr erfahren, daß in ganz Sizilien drei Jahre lang niemand in irgendeiner Gemeinde Ratsherr geworden ist, ohne dafür zu zahlen, niemand, wie doch ihre Gesetze vorschreiben, durch Abstimmung, niemand anders als durch einen Befehl oder eine schriftliche Anweisung des Verres und daß es bei der Auswahl aller dieser Ratsmitglieder nicht nur keine Abstimmungen gegeben habe, sondern daß nicht einmal die Zugehörigkeit zu dem Stande beachtet worden sei, aus dem jemand in diese Stellung gewählt werden durfte, daß weder Vermögen noch Altersgrenzen noch die anderen Bestimmungen der Sizilier etwas gegolten hätten. (121) Jeder, der Ratsherr werden wollte, er mochte noch so jung, noch so unwürdig, noch so wenig von seinem Stande her wählbar sein, der sei es immer geworden, wenn er bei Verres die geeigneten Mitbewerber durch Geld aus dem Felde schlug; hierbei hätten nicht nur die gesetzlichen Bestimmungen der Sizilier nichts gegolten, sondern auch die vom römischen Senat und Volk erlassenen Gesetze nicht.[161] Denn die Gesetze, die jemand unseren Bundesgenossen und Freunden

rium a populo Romano, auctoritatem legum dandarum ab senatu, eae debent et populi Romani et senatus existimari.

(122) Halaesini pro multis ac magnis suis maiorumque suorum in rem publicam nostram meritis atque beneficiis suo iure nuper, L. Licinio Q. Mucio consulibus, cum haberent inter se controversias de senatu cooptando, leges ab senatu nostro petiverunt. Decrevit senatus honorifico senatus consulto ut iis C. Claudius Appi filius Pulcher praetor de senatu cooptando leges conscriberet. C. Claudius, adhibitis omnibus Marcellis qui tum erant, de eorum sententia leges Halaesinis dedit, in quibus multa sanxit de aetate hominum, ne qui minor xxx annis natus, de quaestu, quem qui fecisset ne legeretur, de censu, de ceteris rebus: quae omnia ante istum praetorem et nostrorum magistratuum auctoritate et Halaesinorum summa voluntate valuerunt. Ab isto et praeco, qui voluit, illum ordinem pretio mercatus est, et pueri annorum senum septenumque denum senatorium nomen nundinati sunt; et quod Halaesini, antiquissimi et fidelissimi socii atque amici, Romae impetrarant, ut apud se ne suffragiis quidem fieri liceret, id pretio ut fieri posset effecit.

50 (123) Agrigentini de senatu cooptando Scipionis leges antiquas habent, in quibus et illa eadem sancta sunt et hoc amplius: cum Agrigentinorum duo genera sint, unum veterum, alterum colonorum quos T. Manlius praetor ex senatus consulto de oppidis Siculorum deduxit Agrigentum, cautum est in Scipionis legibus ne plures essent in senatu ex

gibt, der die oberste Befehlsgewalt vom römischen Volk und die Ermächtigung zur Gesetzgebung vom Senat erhalten hat, müssen als Gesetze des römischen Volkes und Senates angesehen werden.

(122) Die Bewohner von Halaesa haben erst vor kurzem, unter dem Konsulat von L. Licinius und Q. Mucius[162], als sie wegen der Ergänzungswahl für den Gemeinderat Streitigkeiten untereinander hatten, unseren Senat um Gesetze gebeten, und das mit Fug und Recht angesichts der vielen und großen Verdienste und Gefälligkeiten, die sie und ihre Vorfahren unserem Staate erwiesen haben. Der Senat entschied in einem ehrenvollen Beschluß, daß der Prätor C. Claudius Pulcher[163], der Sohn des Appius, Gesetze über die Gemeinderatswahl für sie abfassen solle. C. Claudius zog alle damals lebenden Marceller[164] dazu heran und gab den Bewohnern von Halaesa nach deren Gutachten Gesetze, in denen er vieles festlegte, über das Alter der Bewerber, daß niemand jünger als dreißig Jahre sein dürfe, über die Gewerbe, deren Ausübung eine Wahl nicht zuließ, über das Vermögen, über sonstige Punkte. Alle diese Bestimmungen haben vor der Prätur des Verres mit der Unterstützung unserer Beamten und dem vollen Einverständnis der Bewohner von Halaesa gegolten. Von ihm aber hat sich jeder Ausrufer, der da wollte, diesen Rang für Geld gekauft und haben Knaben von sechzehn oder siebzehn Jahren um den Ratsherrntitel geschachert, und wenn die Halaesiner, unsere ältesten und zuverlässigsten Bundesgenossen und Freunde, in Rom erreicht hatten, daß so etwas bei ihnen nicht einmal durch Abstimmung geschehen dürfe, so hat er es gar gegen Bezahlung möglich gemacht.

50 (123) Die Agrigentiner haben für die Gemeinderatswahl alte, von Scipio[165] gegebene Gesetze, in denen dasselbe und überdies noch folgendes verbindlich bestimmt ist: da es zwei Arten von Agrigentinern gibt, einmal die Alteingesessenen, zum anderen die Siedler aus sizilischen Städten, die der Prätor T. Manlius[166] auf Grund eines Senatsbeschlusses in Agrigent angesiedelt hat, ist in den Gesetzen Scipios vorgeschrieben, daß im Gemeinderat nicht mehr Siedler als alteingesessene

colonorum numero quam ex vetere Agrigentinorum. Iste, qui omnia iura pretio exaequasset omniumque rerum dilectum atque discrimen pecunia sustulisset, non modo illa quae erant aetatis ordinis quaestusque permiscuit, sed etiam in his duobus generibus civium novorum veterumque turbavit. (124) Nam cum esset ex vetere numero quidam senator demortuus, et cum ex utroque genere par numerus reliquus esset, veterem cooptari necesse erat legibus, ut is amplior numerus esset. Quae cum ita se res haberet, tamen ad istum emptum venerunt illum locum senatorium non solum veteres, verum etiam novi. Fit ut pretio novus vincat litterasque a praetore adferat Agrigentum. Agrigentini ad istum legatos mittunt qui eum leges doceant consuetudinemque omnium annorum demonstrent, ut iste intellegeret ei se illum locum vendidisse cui ne commercium quidem esse oporteret; quorum oratione iste, cum pretium iam accepisset, ne tantulum quidem commotus est. (125) Idem fecit Heracleae. Nam eo quoque colonos P. Rupilius deduxit, legesque similis de cooptando senatu et de numero veterum ac novorum dedit. Ibi non solum iste ut apud ceteros pecuniam accepit, sed etiam genera veterum ac novorum numerumque permiscuit. **51** Nolite exspectare dum omnis obeam oratione mea civitates: hoc uno complector omnia, neminem isto praetore senatorem fieri potuisse nisi qui isti pecuniam dedisset.

(126) Hoc idem transfero in magistratus, curationes, sacerdotia; quibus in rebus non solum hominum iura, sed etiam

Agrigentiner vertreten sein dürften. Verres, der alle Vorrechte gegen Bezahlung einebnete und jegliche Auswahl und Unterscheidung für Geld beseitigte, brachte nicht nur die Bestimmungen durcheinander, die sich auf das Alter, den Stand und das Gewerbe bezogen, sondern brachte auch die in Unordnung, die die beiden Arten der Bürger, der neuen und der alten, betrafen. (124) Denn als ein Ratsherr aus der Zahl der alteingesessenen Bürger gestorben und aus beiden Gruppen noch die gleiche Zahl übrig war, da hätte nach den gesetzlichen Bestimmungen ein alteingesessener Bürger gewählt werden müssen, damit diese Gruppe in der Mehrzahl sei. Obwohl es sich hiermit so verhielt, kamen dennoch zu Verres, um diese Ratsherrnstelle zu kaufen, nicht nur Alt-, sondern auch Neubürger. Es ergibt sich, daß ein Neubürger durch sein Gebot obsiegt und ein Schreiben vom Prätor nach Agrigent mitbringt. Die Agrigentiner schicken Gesandte zu Verres, um ihn über die gesetzlichen Bestimmungen aufzuklären und auf den in allen Jahren zuvor beobachteten Brauch hinzuweisen: er sollte sich darüber klar werden, daß er die Stelle einem verkauft habe, der nicht einmal an dem Handel hätte teilnehmen dürfen. Doch er ließ sich durch die Rede der Gesandten, da er den Kaufpreis schon erhalten hatte, nicht im geringsten beeindrucken. (125) Ebenso benahm er sich in Heraclea[167]. Denn auch dort waren Siedler eingewiesen worden, von P. Rupilius; und dieser hatte ähnliche Gesetze über die Wahl des Gemeinderates und über die Zahl der Alt- und Neubürger gegeben. Dort hat Verres nicht nur, wie anderswo, Geld angenommen, sondern er hat auch die Gruppen und die Zahl der alten und neuen Bürger durcheinandergebracht. **51** Doch erwartet nicht, daß ich in meiner Rede alle Gemeinden durchgehe: ich fasse alles in der einen Feststellung zusammen, daß niemand während seiner Prätur Ratsherr werden konnte, wenn er ihm nicht Geld gegeben hatte.

(126) Diese Feststellung möchte ich auch auf die Beamtenposten, die Verwaltungs- und Priesterstellen ausdehnen. Hierbei hat Verres nicht nur die menschlichen Rechtssatzun-

deorum immortalium religiones omnis repudiavit. Syracusis lex est de religione, quae in annos singulos Iovis sacerdotem sortito capi iubeat, quod apud illos amplissimum sacerdotium putatur: (127) cum suffragiis tres ex tribus generibus creati sunt, res revocatur ad sortem. Perfecerat iste imperio ut pro suffragio Theomnastus, familiaris suus, in tribus illis renuntiaretur: in sorte, cui imperare non potuerat, exspectabant homines quidnam acturus esset. Homo, id quod erat facillimum, primo vetat sortiri: iubet extra sortem Theomnastum renuntiari. Negant id Syracusani per religiones sacrorum ullo modo fieri posse, fas denique negant esse. Iubet iste sibi legem recitari. Recitatur; in qua scriptum erat ut, quot essent renuntiati, tot in hydriam sortes conicerentur; cuium nomen exisset, ut is haberet id sacerdotium. Iste homo ingeniosus et peracutus, 'Optime,' inquit, 'nempe scriptum ita est, QUOT RENUNTIATI ERUNT. Quot ergo, inquit, sunt renuntiati?' Respondent, 'Tres.' 'Numquid igitur oportet nisi tres sortis conici, unam educi?' 'Nihil.' Conici iubet tres, in quibus omnibus esset inscriptum nomen Theomnasti. Fit clamor maximus, cum id universis indignum ac nefarium videretur. Ita Iovis illud sacerdotium amplissimum per hanc rationem Theomnasto datur.

52 (128) Cephaloedi mensis est certus, quo mense sacerdotem maximum creari oporteat. Erat eius honoris cupidus Artemo quidam, Climachias cognomine, homo sane locuples et domi nobilis. Sed is fieri nullo modo poterat si Herodotus

gen, sondern auch alle religiösen Pflichten gegenüber den unsterblichen Göttern verleugnet. In Syrakus gibt es ein den religiösen Brauch betreffendes Gesetz, das bestimmt, daß alljährlich der Jupiterpriester durch das Los bestimmt wird; dieses Priesteramt gilt dort als das angesehenste. (127) Wenn durch Abstimmung drei Kandidaten aus drei Gruppen gewählt sind, dann überläßt man die Entscheidung dem Los. Verres hatte durch einen Machtspruch durchgesetzt, daß statt der Abstimmung Theomnastos, sein Vertrauter, zu einem der Kandidaten bestimmt wurde. Die Leute waren nun gespannt, was er bei der Verlosung tun würde, bei der er ja durch einen Machtspruch nichts ausrichten konnte. Der Mensch verbietet erst einmal (das war ja das Leichteste) zu losen; er befiehlt, Theomnastos ohne Verlosung zu berufen. Die Syrakusaner erklären, das könne nach den geheiligten kultischen Gebräuchen auf keinen Fall geschehen, kurz, sie erklären, das sei ein Frevel. Verres befiehlt, ihm das Gesetz vorzulesen. Es wird vorgelesen. Darin stand geschrieben, so viele Kandidaten bestimmt seien, so viele Lose sollten auch in die Urne geworfen werden; wessen Name herauskomme, der solle das Priesteramt erhalten. Da sagte unser erfinderischer und scharfsinniger Mann: »Nun ja, es steht also geschrieben: so viele Kandidaten bestimmt sind. Wie viele«, fragte er, »sind denn bestimmt?« Man antwortet: »Drei.« »Ist also etwas anderes nötig, als drei Lose hineinzuwerfen und eines herauszuziehen?« »Nichts anderes.« Er befiehlt, drei Lose hineinzuwerfen, die alle mit dem Namen des Theomnastos beschrieben waren. Da erhebt sich ein gewaltiges Geschrei; denn allen erschien dies Verfahren empörend und ruchlos. So wird das hochangesehene Amt des Jupiterpriesters auf diese Weise dem Theomnastos übertragen.

52 (128) In Kephaloidion[168] gibt es einen bestimmten Monat, in dem der Oberpriester gewählt werden muß. Auf dieses Amt war ein gewisser Artemon versessen, Klimachias mit Beinamen, immerhin ein wohlhabender und in seiner Heimat angesehener Mann. Doch er konnte auf keinen Fall gewählt werden, wenn ein gewisser Herodotos zur Wahl erschiene:

quidam adesset: ei locus ille atque honos in illum annum ita deberi putabatur ut ne Climachias quidem contra diceret. Res ad istum defertur et istius more deciditur: toreumata sane nota et pretiosa auferuntur. Herodotus Romae erat; satis putabat se ad comitia tempore venturum si pridie venisset. Iste, ne aut alio mense ac fas erat comitia haberentur, aut Herodoto praesenti honos adimeretur, (id quod iste non laborabat, Climachias minime volebat), excogitat – dixi iam dudum, non est homo acutior quisquam nec fuit – excogitat, inquam, quem ad modum mense illo legitimo comitia haberentur nec tamen Herodotus adesse posset. (129) Est consuetudo Siculorum ceterorumque Graecorum, quod suos dies mensisque congruere volunt cum solis lunaeque ratione, ut non numquam, si quid discrepet, eximant unum aliquem diem aut summum biduum ex mense, quos illi exaeresimos dies nominant; item non numquam uno die longiorem mensem faciunt aut biduo. Quae cum iste cognosset novus astrologus, qui non tam caeli rationem quam caelati argenti duceret, eximi iubet non diem ex mense, sed ex anno unum dimidiatumque mensem hoc modo ut, quo die verbi causa esse oporteret Idus Ianuarias, eo die Kalendas Martias proscribi iuberet: itaque fit omnibus recusantibus et plorantibus. Dies is erat legitimus comitiis habendis. Eo modo sacerdos Climachias renuntiatus est. (130) Herodotus cum Roma revertitur, diebus, ut ipse putabat, xv ante comitia, offendit eum mensem qui consequitur mensem comitialem, comitiis iam abhinc xxx diebus factis. Tunc Cephaloeditani fecerunt intercalarium xxxxv dies

ihm, meinte man, stehe die ehrenvolle Stelle in diesem Jahre so eindeutig zu, daß nicht einmal Klimachias etwas dagegen einzuwenden hatte. Die Sache wird dem Verres berichtet und nach seiner Art entschieden: ziemlich bekannte und kostbare Kunstwerke in getriebener Arbeit wechseln den Besitzer. Herodotos war in Rom; er glaubte, er werde zeitig genug zur Wahl erscheinen, wenn er sich einen Tag zuvor dazu einfände. Damit nicht die Wahlen in einem anderen als dem vorgeschriebenen Monat abgehalten würden oder dem Herodotos, wenn er zugegen wäre, das Amt genommen werde (was dem Verres freilich nichts ausmachte, dem Klimachias aber keineswegs lieb war), denkt er sich aus (ich habe schon vorhin gesagt: es gibt nicht noch gab es je einen schärferen Kopf), denkt er sich, sage ich, einen Weg aus, die Wahlen in dem gesetzlich vorgeschriebenen Monat abhalten zu lassen und es doch dem Herodotos unmöglich zu machen, dabei zu sein. (129) Bei den Siziliern und den übrigen Griechen ist es Brauch, dafür zu sorgen, daß ihre Tage und Monate mit dem Stand der Sonne und des Mondes übereinstimmen,[169] so daß sie bisweilen, wenn eine Abweichung eintritt, einen oder höchstens zwei Tage aus dem Monat herausnehmen, die sie herausgenommene[170] Tage nennen. Ebenso verlängern sie bisweilen einen Monat um einen oder zwei Tage. Da Verres, der neue Sternforscher, der nicht so sehr dem Himmel wie himmlisch gearbeiteten Silbergeräten seine Berechnung widmete, davon wußte, befiehlt er, nicht einen Tag aus dem Monat, sondern anderthalb Monate aus dem Jahr herauszunehmen, und zwar so, daß an dem Tage, an dem zum Beispiel der 13. Januar hätte sein müssen, der 1. März angesetzt werden solle. Und so geschieht es, obwohl alle dagegen waren und laut jammerten. Dieser Tag war durch Gesetz für die Abhaltung der Wahlen bestimmt. Auf diese Weise wurde Klimachias zum Priester ernannt. (130) Als Herodotos aus Rom zurückkehrte, und zwar, wie er selbst glaubte, fünfzehn Tage vor den Wahlen, traf er den Monat an, der auf den Wahlmonat folgt; die Wahlen hatten schon dreißig Tage früher stattgefunden. Die Bewohner von Kephaloidion führten

longum, ut reliqui menses in suam rationem reverterentur. Hoc si Romae fieri posset, certe aliqua ratione expugnasset iste ut dies xxxxv inter binos ludos tollerentur, per quos solos iudicium fieri posset.

53 (131) Iam vero censores quem ad modum isto praetore in Sicilia creati sint, operae pretium est cognoscere. Ille enim est magistratus apud Siculos qui diligentissime mandatur a populo propter hanc causam, quod omnes Siculi ex censu quotannis tributa conferunt, in censu habendo potestas omnis aestimationis habendae summaeque faciendae censori permittitur. Itaque et populus cui maximam fidem suarum rerum habeat maxima cura deligit, et propter magnitudinem potestatis hic magistratus a populo summa ambitione contenditur. (132) In ea re iste nihil obscure facere voluit, non in sortitione fallere neque dies de fastis eximere. Nihil sane vafre nec malitiose facere conatus est; sed ut studia cupiditatesque honorum atque ambitiones ex omnibus civitatibus tolleret, quae res evertendae rei publicae solent esse, ostendit sese in omnibus civitatibus censores esse facturum. (133) Tanto mercatu praetoris indicto concurritur undique ad istum Syracusas; flagrabat domus tota praetoria studio hominum et cupiditate; nec mirum omnibus comitiis tot civitatum unam in domum revocatis, tantaque ambitione provinciae totius in uno cubiculo inclusa. Exquisitis palam pretiis et licitationibus factis, discribebat censores binos in singulas civitates Timarchides. Is suo labore suisque accessionibus huius negoti atque operis molestia consequebatur ut ad istum sine ulla sollicitu-

daraufhin einen fünfundvierzig Tage langen Schaltmonat ein, damit die übrigen Monate wieder in das richtige Verhältnis kämen. Wenn das in Rom möglich wäre, dann hätte Verres es irgendwie erzwungen, daß die fünfundvierzig Tage zwischen den beiden Spielen gestrichen würden, die einzigen, an denen noch Gericht gehalten werden kann.[171]

53 (131) Es ist ferner nun der Mühe wert zu vernehmen, wie während seiner Prätur in Sizilien Zensoren gewählt wurden; denn dies ist ein Amt, das bei den Siziliern nach sorgfältigster Prüfung vom Volke verliehen wird, und zwar deshalb, weil alle Sizilier alljährlich entsprechend der Veranlagung ihre Steuern[172] zahlen, weil man dem Zensor bei der Veranlagung jegliche Vollmacht zugesteht, die Vermögensabschätzung vorzunehmen und die Steuersumme festzusetzen. Daher wählt das Volk mit der größten Sorgfalt jemanden aus, zu dem es das größte Vertrauen in seinen Angelegenheiten hat, und wegen der großen Machtbefugnis bewirbt man sich beim Volke um dieses Amt mit der größten Zielstrebigkeit. (132) Verres wollte in dieser Sache nichts im Dunklen tun, nicht beim Auslosen betrügen und auch keine Tage aus dem Kalender streichen. Und tatsächlich hat er nichts listig und bösartig zu unternehmen versucht. Doch um die leidenschaftliche Gier nach Ämtern und das Strebertum aus allen Gemeinden zu beseitigen, Dinge, die ja zur Zerrüttung eines Gemeinwesens zu führen pflegen, erklärte er, er werde selbst in allen Gemeinden die Zensoren ernennen. (133) Nachdem der Prätor einen so lohnenden Markt eröffnet hatte, eilte man von allen Seiten zu ihm nach Syrakus; der ganze Prätorenpalast war erfüllt von Leidenschaft und brennender Gier der Leute. Und das war kein Wunder, da alle Wahlen so vieler Gemeinden auf ein Haus beschränkt waren und so viel Ehrgeiz einer ganzen Provinz sich in einem Gemach zusammenfand. Man fragte offen nach den Preisen und machte seine Gebote; dann wies Timarchides jeder Gemeinde je zwei Zensoren zu. Der schaffte es durch seine Mühe, durch die Audienzen, die er in dieser Sache gab, und durch beschwerliche Arbeit, daß das gesamte Geld an Verres floß, ohne daß

dine summa pecuniae referretur. Iam hic Timarchides quantam pecuniam fecerit plane adhuc cognoscere non potuistis; verum tamen priore actione quam varie, quam improbe praedatus esset, multorum testimoniis cognovistis.

54 (134) Sed ne miremini qua ratione hic tantum apud istum libertus potuerit, exponam vobis breviter quid hominis sit, ut et istius nequitiam qui illum secum habuerit, eo praesertim numero ac loco, et calamitatem provinciae cognoscatis. In mulierum corruptelis et in omni eius modi luxuria atque nequitia mirandum in modum reperiebam hunc Timarchidem ad istius flagitiosas libidines singularemque nequitiam natum atque aptum fuisse; investigare, adire, appellare, corrumpere, quidvis facere in eius modi rebus quamvis callide, quamvis audacter, quamvis impudenter; eundem mira quaedam excogitare genera furandi; nam ipsum Verrem tantum avaritia semper hiante atque imminente fuisse, ingenio et cogitatione nulla, ut quicquid sua sponte faciebat, item ut vos Romae cognovistis, eripere potius quam fallere videretur. (135) Haec vero huius erat ars et malitia miranda, quod accuratissime tota provincia quid cuique accidisset, quid cuique opus esset, indagare et odorari solebat; omnium adversarios, omnium inimicos diligenter cognoscere, conloqui, attemptare; ex utraque parte causas voluntates perspicere, facultates et copias; quibus opus esset metum offerre, quibus expediret spem ostendere; accusatorum et quadruplatorum quicquid erat, habebat in potestate; quod cuique negoti conflare vole-

dieser sich im geringsten darum kümmern mußte. Wieviel Geld nun dieser Timarchides dabei in die eigene Tasche gesteckt hat, das konntet ihr bisher nicht genau herausfinden; ihr habt jedoch in der ersten Verhandlung vielen Zeugenaussagen entnommen, auf wie vielfältige und wie unverschämte Weise er sich bereichert hat.

54 (134) Aber damit ihr euch nicht wundert, wie es möglich war, daß dieser Freigelassene so viel bei Verres vermochte, will ich euch kurz auseinandersetzen, was für ein Mensch das war, damit ihr die Nichtsnutzigkeit des Verres, der einen solchen Menschen um sich hatte (zumal in diesem Rang und an dieser Stelle!), sowie das Elend der Provinz erfassen könnt. Bei der Verführung von Frauen und bei allen derartigen Ausschweifungen und Gaunerstreichen war, fand ich heraus, dieser Timarchides auf eine wunderbare Weise geschaffen und geeignet, den schändlichen Gelüsten und der beispiellosen Schurkerei des Verres behilflich zu sein, aufzuspüren, aufzusuchen, anzusprechen, zu verführen, bei derartigen Dingen alles so schlau, so frech, so unverschämt wie nur möglich, anzupacken, zugleich sich auch ganz erstaunliche Arten des Stehlens auszudenken. Denn Verres selbst verriet immer nur eine heißhungrige und lauernde Habgier, jedoch keinerlei Talent und Erfindungsgabe, so daß er alles, was er von sich aus tat, wie ihr auch schon in Rom gesehen habt, eher gewaltsam zu entreißen als durch Trug an sich zu bringen schien. (135) Die erstaunliche Geschicklichkeit und Hinterhältigkeit des Timarchides bestand nun darin, daß er es sich zur Gewohnheit machte, mit der größten Sorgfalt in der ganzen Provinz aufzuspüren und zu wittern, was einem jeden widerfahren war, was ein jeder nötig hatte; jedermanns Widersacher, jedermanns Feinde genau auszukundschaften, mit ihnen zu sprechen, sie auf die Probe zu stellen; die beiderseitigen Beweggründe, Absichten, Fähigkeiten und Mittel zu durchschauen; wo es nötig war, Angst einzujagen, wo es Nutzen versprach, Hoffnungen zu wecken; alle Ankläger und Denunzianten hatte er in seiner Gewalt; er brachte es ohne Mühe fertig, jedem nach seinem Belieben Schwierigkei-

bat, nullo labore faciebat; istius omnia decreta imperia litteras peritissime et callidissime venditabat. (136) Ac non solum erat administer istius cupiditatum, verum etiam ipse sui meminerat, neque solum nummos, si qui isti exciderant, tollere solebat, ex quibus pecuniam maximam fecit, sed etiam voluptatum flagitiorumque istius ipse reliquias colligebat. Itaque in Sicilia non Athenionem, qui nullum oppidum cepit, sed Timarchidem fugitivum omnibus oppidis per triennium scitote regnasse; in Timarchidi potestate sociorum populi Romani antiquissimorum atque amicissimorum liberos, matres familias, bona fortunasque omnis fuisse. Is igitur, ut dico, Timarchides in omnis civitates accepto pretio censores dimisit: comitia isto praetore censorum ne simulandi quidem causa fuerunt.

55 (137) Iam hoc impudentissime: palam – licebat enim videlicet legibus – singulis censoribus denarii treceni ad statuam praetoris imperati sunt. Censores CXXX facti sunt; pecuniam illam ob censuram contra leges clam dederunt; haec denarium XXXVIIII milia palam salvis legibus contulerunt in statuam. Primum quo tantam pecuniam? deinde quam ob rem censores ad statuam tibi conferebant? Ordo aliqui censorum est, conlegium, genus aliquod hominum? Nam aut publice civitates istos honores habent aut generatim homines, ut aratores, ut mercatores, ut navicularii; censores quidem qui magis quam aediles? Ob beneficium? Ergo hoc fatebere, abs te haec petita esse – nam empta non audebis dicere; te eos magistratus hominibus benefici, non rei publicae causa permisisse? Hoc

ten zu bereiten; alle Erlasse, Befehle und schriftlichen Anweisungen des Verres verkaufte er mit der größten Sachkenntnis und Schlauheit. (136) Und er war nicht nur der Gehilfe für die Begierden des Verres, sondern dachte auch an sich selbst, und er pflegte nicht nur die Münzen aufzuheben, die Verres hatte fallen lassen (und damit machte er immerhin sehr viel Geld), sondern er sammelte auch für sich die Überreste von Verres' Vergnügungen und Schandtaten. Daher müßt ihr wissen, daß in Sizilien nicht Athenion[173], der nicht eine einzige Stadt eroberte, sondern der entlaufene Sklave Timarchides drei Jahre lang über alle Städte wie ein König geherrscht hat; daß in der Gewalt des Timarchides sich befand, was den ältesten Bundesgenossen und beflissensten Freunden des römischen Volkes gehörte, die Kinder, die Frauen, das gesamte Hab und Gut. Dieser Timarchides also entsandte, wie gesagt, nach Erhalt der Bezahlung in alle Gemeinden Zensoren. Zensorenwahlen fanden während der Prätur des Verres nicht einmal zum Scheine statt.

55 (137) Dann ist auch das noch ein starkes Stück von Unverschämtheit: öffentlich (allerdings war es ja gesetzlich erlaubt) wurde jedem Zensor befohlen, 300 Denare für eine Statue des Prätors beizutragen.[174] Hundertunddreißig Zensoren wurden ernannt, das Geld für ihr Zensorenamt gaben sie gegen die Gesetze heimlich; die 39000 Denare für die Statue brachten sie, ohne die Gesetze zu verletzen, öffentlich zusammen. Erstens: wozu so viel Geld? Zweitens: warum entrichteten die Zensoren Beiträge für die Statue an dich? Sind die Zensoren ein besonderer Stand, ein Berufsverband, irgendeine besondere Gruppe von Leuten? Denn solche Ehrungen vergeben entweder die Gemeinden von Amts wegen oder bestimmte Gruppen von Personen, wie die Landwirte, die Kaufleute, die Schiffseigentümer; doch weshalb die Zensoren mehr als die Ädilen[175]? Wegen der Begünstigung? Willst du also zugeben, daß man sich bei dir um diese Ämter beworben hat (denn daß man sie gekauft habe, wirst du nicht auszusprechen wagen), daß du sie den Leuten als Vergünstigung, nicht im Interesse des Gemeinwohls überlassen hast? Wenn du das

cum tute fateare, quisquam dubitabit quin tu istam apud populos provinciae totius invidiam atque offensionem non ambitionis neque beneficiorum conlocandorum, sed pecuniae conciliandae causa susceperis? (138) Itaque illi censores fecerunt idem quod in nostra re publica solent ii qui per largitionem magistratus adepti sunt: dederunt operam ut ita potestatem gererent ut illam lacunam rei familiaris explerent. Sic census habitus est te praetore ut eo censu nullius civitatis res publica posset administrari; nam locupletissimi cuiusque censum extenuarant, tenuissimi auxerant. Itaque in tributis imperandis tantum oneris plebi imponebatur ut, etiamsi homines tacerent, res ipsa illum censum repudiaret, id quod intellegi facillime re ipsa potest. **56** Nam L. Metellus, qui, posteaquam ego inquirendi causa in Siciliam veni, repente L. Laetili adventu istius non modo amicus, verum etiam cognatus factus est, – is, quod videbat istius censu stari nullo modo posse, eum censum observari iussit qui viro fortissimo atque innocentissimo, Sex. Peducaeo, praetore habitus esset. Erant enim tum censores legibus facti delecti a suis civitatibus, quibus, si quid commisissent, poenae legibus erant constitutae. (139) Te autem praetore quis censor aut legem metueret qua non tenebatur, quoniam creatus lege non erat, aut animadversionem tuam, cum id quod abs te emerat vendidisset? Teneat iam sane meos testis Metellus, cogat alios laudare, sicut in multis conatus est; modo haec faciat quae facit. Quis enim umquam tanta a quoquam contumelia, quis tanta ignominia

zugibst, wird dann noch jemand zweifeln, daß du dir den Haß und die Abneigung der ganzen Provinzbevölkerung zugezogen hast: nicht um dir einen guten Namen zu machen und um Wohltaten auszuteilen, sondern um Geld zusammenzubringen? (138) Deshalb taten jene Zensoren dasselbe, was in unserem Staate die zu tun pflegen, die ihr Amt durch Bestechung erlangt haben: sie bemühten sich, ihre Amtsbefugnisse so auszuüben, daß sie das Loch in ihrem Vermögen wieder füllten. Die Steuerveranlagung wurde während deiner Prätur so gehandhabt, daß als Folge davon in keiner Gemeinde die öffentlichen Angelegenheiten mehr wahrgenommen werden konnten; denn bei allen Reichen hatte man den Steuersatz herabgesetzt, bei allen Armen erhöht. Daher wurden bei der Festsetzung der Steuern dem einfachen Volke solche Lasten auferlegt, daß, auch wenn die Leute schwiegen, die Sache selbst die Veranlagung verwarf, wie man sehr leicht aus dem folgenden Sachverhalt selbst erkennen kann.
56 Denn L. Metellus wurde zwar, nachdem ich, um Ermittlungen anzustellen, nach Sizilien gekommen war, plötzlich nach der Ankunft des L. Laetilius nicht nur ein Freund, sondern sogar ein Verwandter des Verres;[176] dennoch sah er ein, daß man sich an dessen Steuerveranlagung auf keinen Fall halten könne, und befahl daher, die Veranlagung zu befolgen, die während der Prätur des überaus tüchtigen und uneigennützigen Sex. Peducaeus durchgeführt worden war. Denn damals waren die Zensoren nach den gesetzlichen Bestimmungen ernannt und von ihren Gemeinden gewählt worden und für den Fall, daß sie sich etwas zuschulden kommen ließen, waren Strafen in den Gesetzen festgesetzt. (139) Doch solange du Prätor warst, welcher Zensor hätte sich da vor einem Gesetz fürchten sollen, durch das er sich nicht gebunden fühlte, da er ja nicht nach dem Gesetz gewählt war, oder vor deiner Strafe, wenn er, was er von dir gekauft hatte, wieder verkaufte?[177] Metellus mag dann ruhig meine Zeugen zurückhalten, mag andere drängen, den Angeklagten zu loben, wie er es bei vielen versucht hat, wenn er nur tut, was er tut.[178] Denn wem hat jemals ein Mensch eine solche

adfectus est? Quinto quoque anno Sicilia tota censetur. Erat censa praetore Peducaeo; quintus annus cum in te praetorem incidisset, censa denuo est. Postero anno L. Metellus mentionem tui census fieri vetat; censores dicit de integro sibi creari placere; interea Peducaeanum censum observari iubet. Hoc si tuus inimicus fecisset, tamen, si animo aequo provincia tulisset, inimici iudicium grave videretur. Fecit amicus recens et cognatus voluntarius; aliter enim, si provinciam retinere, si salvus ipse in provincia vellet esse, facere non potuit. Exspectas etiam quid hi iudicent? **57** (140) Si tibi magistratum abrogasset, minore ignominia te adfecisset quam cum ea quae in magistratu gessisti sustulit atque inrita iussit esse. Neque in hac re sola fuit eius modi, sed, antequam ego in Siciliam veni, in maximis rebus ac plurimis; nam et Heraclio Syracusanos tuos illos palaestritas bona restituere iussit, et Epicrati Bidinos, et pupillo Drepanitano A. Claudium, et, nisi mature Laetilius in Siciliam cum litteris venisset, minus xxx diebus Metellus totam trienni praeturam tuam rescidisset.
(141) Et quoniam de ea pecunia quam tibi ad statuam censores contulerunt dixi, non mihi praetermittendum videtur ne illud quidem genus pecuniae conciliatae quam tu a civitatibus statuarum nomine coegisti. Video enim eius pecuniae summam esse pergrandem, ad HS viciens: tantum conficietur ex testimoniis et litteris civitatum. Et iste hoc concedit nec potest aliter dicere. Quare cuius modi putamus esse illa quae negat,

Kränkung, wem eine solche Schmach zugefügt? Alle vier Jahre wird ganz Sizilien steuerlich veranlagt. Es war unter dem Prätor Peducaeus veranlagt worden; da das fünfte Jahr in deine Prätur fiel, wurde die Veranlagung von neuem durchgeführt. Im Jahre danach verbietet L. Metellus, sich auf deine Steuerveranlagung zu berufen; er erklärt, er wünsche, daß von neuem Zensoren gewählt würden; inzwischen, befiehlt er, solle man sich nach der Steuerveranlagung des Peducaeus richten. Hätte das ein Feind von dir getan, so würde dir doch, selbst wenn die Provinz dein Vorgehen mit Gleichmut ertragen hätte, das Urteil des Feindes als hart erscheinen. Nun aber hat es ein neugewonnener Freund und freiwilliger Verwandter getan; er konnte nämlich gar nicht anders handeln, wenn er die Provinz behalten, wenn er selbst ohne Gefahr in der Provinz leben wollte. **57** (140) Und du wartest noch, was für ein Urteil die Richter hier fällen werden? Wenn Metellus dir dein Amt aberkannt hätte, dann hätte er dir eine geringere Schmach angetan, als indem er aufhob und für ungültig erklärte, was du in deiner Amtszeit getan hattest. Und er verhielt sich nicht nur in dieser Sache so, sondern, bevor ich nach Sizilien kam, in sehr bedeutsamen und sehr vielen Angelegenheiten. Denn er befahl auch, die syrakusanischen Ringer, deine Freunde, sollten dem Heraclius[179] sein Hab und Gut zurückgeben und ebenso die Bidiner dem Epikrates[180] und A. Claudius dem Mündel von Drepanon[181], und wenn Laetilius nicht noch rechtzeitig mit Briefen nach Sizilien gekommen wäre, so hätte Metellus in weniger als dreißig Tagen deine ganze dreijährige Prätur rückgängig gemacht.
(141) Und da ich ja von dem Geld gesprochen habe, das die Zensoren für dein Standbild zusammengebracht haben, so darf ich, scheint mir, auch die Art der Geldbeschaffung nicht übergehen, wie du das Geld von den Gemeinden unter dem Titel »Statuen« eingetrieben hast. Ich sehe nämlich, daß dieser Geldbetrag sehr groß ist, an die zwei Millionen Sesterzen; so viel ergibt sich aus den Zeugenaussagen und den Protokollen der Gemeinden. Auch Verres gibt das zu, kann aber auch nichts anderes behaupten. Wie muß demnach wohl erst das

cum haec tam improba sint quae fatetur? Quid enim vis constitui? consumptam esse istam omnem pecuniam in statuis? Fac ita esse; tamen hoc ferendum nullo modo est, tantam a sociis pecuniam auferri ut omnibus in angiportis praedonis improbissimi statua ponatur, qua vix tuto transiri posse videatur. **58** (142) Verum ubi tandem aut in quibus statuis ista tanta pecunia consumpta est? 'Consumetur,' inquies. Scilicet exspectemus legitimum illud quinquennium; si hoc intervallo non consumpserit, tum denique nomen eius de pecuniis repetundis statuarum nomine deferemus. Reus est maximis plurimisque criminibus in iudicium vocatus: HS viciens ex hoc uno genere captum videmus. Si condemnatus eris, non, opinor, id ages ut ista pecunia in quinquennio consumatur in statuis; sin absolutus eris, quis erit tam amens qui te ex tot tantisque criminibus elapsum post quinquennium statuarum nomine arcessat? Ita si neque adhuc consumpta est ista pecunia et est perspicuum non consumptum iri, licet iam intellegamus inventam esse rationem quare et iste HS viciens ex hoc uno genere conciliarit et ceperit, et ceteri – si hoc a vobis erit comprobatum – quam volent magnas hoc nomine pecunias capere possint; ut iam videamur non a pecuniis capiendis homines absterrere, sed, cum genera quaedam pecuniarum capiendarum comprobarimus, honesta nomina turpissimis rebus imponere. (143) Etenim, si C. Verres HS C milia populum verbi gratia Centuripinum poposcisset eamque ab

sein, was er abstreitet, wenn schon das so schlimm ist, was er zugibt? Denn was willst du festgestellt wissen? Daß das ganze Geld für Statuen verwendet worden ist? Nimm an, es sei so; dennoch bleibt es in jedem Falle unerträglich, daß den Bundesgenossen so viel Geld abgenommen wird, um in allen Gassen ein Standbild des gewissenlosesten Räubers aufzustellen, an dem man, könnte man sich denken, wohl kaum sicher vorübergehen kann.[182] **58** (142) Aber wo denn oder für welche Standbilder ist diese gewaltige Geldsumme verwendet worden? »Sie wird noch verwendet werden«, wirst du sagen. Freilich, wir wollen die gesetzliche Frist von fünf Jahren abwarten; und wenn er das Geld in diesem Zeitraum nicht bestimmungsgemäß verwendet hat, dann erst wollen wir ihn um der Standbilder willen wegen Erpressung anklagen. Der Angeklagte ist wegen sehr schwerer und sehr vieler strafbarer Handlungen vor Gericht geladen; zwei Millionen Sesterzen hat er sich, wie wir sehen, allein auf diese Art angeeignet. Wenn du verurteilt wirst, dann wirst du dich, glaube ich, nicht gerade darum bemühen, dieses Geld innerhalb von fünf Jahren für Statuen zu verwenden; wenn du aber freigesprochen wirst, wer wird dann solch ein Narr sein, daß er dich, der du so vielen und so schweren Anklagen entronnen bist, nach fünf Jahren noch wegen der Standbilder vor Gericht lädt? Wenn also dieses Geld bisher nicht für Standbilder verwendet wurde und auch klar ist, daß es nicht dafür verwendet wird, dann dürfen wir wohl annehmen, daß sich ein Verfahren gefunden hat, mit dessen Hilfe sich Verres allein auf diese Weise zwei Millionen Sesterzen angeeignet und verschafft hat und mit dessen Hilfe, wenn ihr dies gutheißt, sich auch alle anderen beliebig große Geldsummen unter diesem Titel verschaffen können, so daß man dann den Eindruck gewinnen könnte, wir wollten die Leute nicht vom Geldnehmen abschrecken, sondern dadurch, daß wir bestimmte Arten des Geldnehmens gutheißen, den schimpflichsten Dingen anständige Namen beilegen. (143) Denn wenn C. Verres von dem Volk von Centuripae beispielsweise 100000 Sesterzen verlangt und diesen Betrag von ihm erhalten hätte, so wäre es,

iis pecuniam abstulisset, non, opinor, esset dubium quin eum, cum id planum fieret, condemnari necesse esset. Quid? si eundem populum HS CC milia poposcit eaque coegit atque abstulit, num idcirco absolvetur quod adscriptum est eam pecuniam datam statuarum nomine? Non, opinor; nisi forte id agimus, non ut magistratibus nostris moram accipiendi, sed ut sociis causam dandi adferre videamur.

Quodsi quem statuae magno opere delectant, et si quis earum honore aut gloria ducitur, is haec tamen constituat necesse est, primum averti pecuniam domum non placere, deinde ipsarum statuarum modum quendam esse oportere, deinde illud, certe ab invitis exigi non oportere. **59** (144) Ac de avertenda pecunia quaero abs te utrum ipsae civitates solitae sint statuas tibi faciundas locare ei cui possent optima condicione locare, an aliquem procuratorem praeficere qui statuis faciundis praeesset, an tibi, an cui tu imperasses, adnumerare pecuniam? Nam si per eos statuae fiebant a quibus tibi iste honos habebatur, audio; sin Timarchidi pecunia numerabatur, desine, quaeso, simulare te, cum in manifestissimo furto teneare, gloriae studiosum ac monumentorum fuisse.

Quid vero? modum statuarum haberi nullum placet? Atqui habeatur necesse est. (145) Etenim sic considerate. Syracusana civitas, ut eam potissimum nominem, dedit ipsi statuam – est honos – et patri – bella haec pietatis et quaestuosa simulatio – et filio – ferri hoc potest, hunc enim puerum non ode-

glaube ich, nicht zweifelhaft, daß man ihn, wenn das nachgewiesen würde, verurteilen müßte. Wie aber, wenn er von demselben Volke 200000 Sesterzen verlangt und diese eingetrieben und weggenommen hat, soll man ihn dann deshalb freisprechen, weil dabei geschrieben steht, dies Geld sei für Statuen gezahlt worden? Ich glaube, nein; es sei denn, wir beabsichtigen in den Ruf zu geraten, als wollten wir nicht unsere Beamten im Annehmen hemmen, sondern den Bundesgenossen einen Anlaß zum Geben bieten.

Aber selbst wenn jemand an Standbildern große Freude hat und ihn die Ehre und der Ruhm, den sie verleihen, reizt, dann muß er sich doch wenigstens an die folgenden Grundsätze halten: erstens, daß er das Geld nicht für private Zwecke beiseite schaffen will, zweitens daß es bei den Statuen selbst eine gewisse Beschränkung geben muß, drittens daß man sie auf keinen Fall von jemandem gegen seinen Willen fordern darf. **59** (144) Was nun das Beiseiteschaffen des Geldes betrifft, so frage ich dich: pflegten die Gemeinden die Herstellung deiner Standbilder selbst an den zu vergeben, dem sie den Auftrag zu den günstigsten Bedingungen erteilen konnten, oder einen Geschäftsführer zu bestellen, der die Herstellung der Standbilder beaufsichtigte, oder dir oder deinem Beauftragten das Geld auszuzahlen? Denn wenn die Herstellung der Standbilder durch die geschah, die dir diese Ehre erwiesen, so läßt sich das hören; aber wenn das Geld an Timarchides ausgezahlt wurde, so höre doch bitte auf, so zu tun, als seiest du auf Ruhm und Denkmäler versessen gewesen, da man dich doch bei einem ganz handgreiflichen Diebstahl ertappt hat.

Und nun gar: findest du es richtig, bei den Standbildern kein Maß zu halten? Das ist jedoch unbedingt nötig. (145) Erwägt nämlich folgendes. Die Gemeinde Syrakus, um sie an erster Stelle zu nennen, hat ihm selber ein Standbild errichtet (das ist eine Ehre) sowie seinem Vater (das ist eine feine und einträgliche Vorspiegelung von Kindesliebe) und seinem Sohne (das kann man hingehen lassen; denn die Leute haßten diesen Knaben nicht); doch wie oft und unter wie vielen Vorwänden

rant; verum quotiens et quot nominibus a Syracusanis statuas auferes? Ut in foro statuerent, abstulisti, ut in curia, coegisti, ut pecuniam conferrent in eas statuas quae Romae ponerentur imperasti; ut idem darent homines aratorum nomine, dederunt; ut idem pro parte in commune Siciliae conferrent, etiam id contulerunt. Una civitas cum tot nominibus pecuniam contulerit idemque hoc civitates ceterae fecerint, nonne res ipsa vos admonet ut putetis modum aliquem huic cupiditati constitui oportere? Quid? si hoc voluntate sua nulla civitas fecit, si omnes imperio, metu, vi, malo adductae tibi pecuniam statuarum nomine contulerunt, per deos immortalis, num cui dubium esse poterit quin, etiamsi statuerit accipere ad statuas licere, idem tamen statuat eripere certe non licere? (146) Primum igitur in hanc rem testem totam Siciliam citabo, quae mihi una voce statuarum nomine magnam pecuniam per vim coactam esse demonstrat. Nam legationes omnium civitatum in postulatis communibus, quae fere omnia ex tuis iniuriis nata sunt, etiam hoc ediderunt, UT STATUAS NE CUI, NISI CUM IS DE PROVINCIA DECESSISSET, POLLICERENTUR. **60** Tot praetores in Sicilia fuerunt, totiens apud maiores nostros Siculi senatum adierunt, totiens hac memoria: tamen huiusce novi postulati genus atque principium tua praetura attulit. (147) Quid enim tam novum non solum re, sed genere ipso postulandi? nam cetera quae sunt in isdem postulatis de iniuriis tuis sunt nova, sed tamen non novo modo postulantur. Rogant et orant Siculi patres conscriptos ut nostri magistratus

willst du von den Syrakusanern Standbilder erhalten? Daß sie dir eines auf dem Marktplatz errichteten, hast du erreicht, daß sie es auch im Rathaus taten, erzwungen, daß sie Geld für die Standbilder beisteuerten, die in Rom aufgestellt werden sollten, hast du befohlen. Dieselben Leute sollten als Landwirte zahlen: sie haben gezahlt; dieselben sollten für ihr Teil zu der von Sizilien gemeinsam aufgebrachten Summe beisteuern[183]: sie haben auch das getan. Wenn eine einzige Gemeinde unter so vielen Titeln Geld aufgebracht und die übrigen Gemeinden genau dasselbe getan haben, nötigt nicht die Sache selbst zu der Annahme, daß man dieser Gier eine Grenze setzen muß. Wie? Wenn keine Gemeinde dies freiwillig getan hat, wenn alle nur durch Befehle, Einschüchterung, Gewalt und üble Mittel sich dahin haben bringen lassen, Geld für deine Standbilder beizusteuern, kann es da noch, bei den unsterblichen Göttern, für jemanden zweifelhaft sein, daß er, wenn er es auch für erlaubt hält, Geld für Standbilder anzunehmen, es doch ebenso für gänzlich unerlaubt halten muß, dies Geld zu erpressen? (146) Zuerst will ich hierfür ganz Sizilien als Zeugen aufrufen; es beweist mir mit einer Stimme, daß angeblich für Standbilder eine große Geldsumme mit Gewalt eingetrieben worden ist. Denn die Gesandtschaften aller Gemeinden haben unter ihren gemeinsamen Forderungen, die fast alle aus deinen ungerechten Handlungen erwachsen sind,[184] auch die folgende vorgebracht: Standbilder solle man jemandem nur dann versprechen dürfen, wenn er die Provinz verlassen habe. **60** So viele Prätoren sind in Sizilien gewesen, so oft haben sich die Sizilier zur Zeit unserer Vorfahren an den Senat gewandt, so oft zu unserer Zeit, doch mit dieser neuartigen Forderung hat den Anfang erst deine Prätur gemacht. (147) Was nämlich ist so neuartig nicht nur dem Gegenstande nach, sondern auch durch die Art und Weise der Forderung? Denn die übrigen Anliegen, die sich unter den Forderungen in bezug auf deine rechtswidrigen Handlungen finden, sind zwar neu, werden jedoch nicht auf eine neuartige Weise vorgebracht. So bitten die Sizilier inständig die versammelten Väter, unsere Beamten sollten künftig den Zehnten

posthac decumas lege Hieronica vendant. Tu primus contra vendideras. Audio. Ne in cellam quod imperatur aestiment. Hoc quoque propter tuos ternos denarios nunc primum postulatur, sed genus ipsum postulandi non est novum. Ne absentis nomen recipiatur. Ex Stheni calamitate et tua natum est iniuria. Cetera non colligam. Sunt omnia Siculorum postulata eius modi ut crimina collecta in unum reum te esse videantur, quae tamen omnia novas iniurias habent, sed postulationum formulas usitatas; (148) hoc postulatum de statuis ridiculum esse videatur ei qui rem sententiamque non perspiciat. Postulant enim, non uti ne cogantur statuere; quid igitur? ut ipsis ne liceat. Quid est hoc? petis a me, quod in tua potestate est, ut id tibi facere ne liceat; pete potius ne quis te invitum polliceri aut facere cogat. 'Nihil egero,' inquit; 'negabunt enim omnes se coegisse; si me salvum esse vis, mihi impone istam vim ut omnino mihi ne liceat polliceri.' Ex tua praetura primum haec est nata postulatio; qua cum utuntur, hoc significant atque adeo aperte ostendunt, sese ad statuas tuas pecuniam metu ac malo coactos invitissimos contulisse. (149) Quid? si hoc non dicant, tibi non necesse sit ipsi id confiteri? Vide et perspice qua defensione sis usurus: iam intelleges hoc tibi de statuis confitendum esse. **61** Mihi enim renuntiatur ita constitui a tuis patronis, hominibus ingenio-

nach dem Hieronischen Gesetz verpachten.[185] Du hattest ihn als erster im Widerspruch zum Gesetz verpachtet. Ich verstehe. Sie sollten die für den Vorratskeller angeforderten Lieferungen nicht nach ihrem Geldwert abschätzen. Auch diese Forderung wird wegen deiner drei Dinare jetzt zum ersten Mal erhoben, doch die Art der Forderung ist nicht neu.[186] Man solle keine Klage gegen einen Abwesenden annehmen. Dieses Ersuchen ist aus dem Unglück des Sthenius und deinem ungerechten Verhalten erwachsen. Das übrige will ich nicht vorbringen. Alle Forderungen der Sizilier sind von der Art, daß sie wie Anschuldigungen aussehen, die gegen einen einzigen Angeklagten, gegen dich, gesammelt sind; sie haben zwar alle neuartige Rechtsverletzungen zum Inhalt, benutzen jedoch die bei Forderungen übliche Ausdrucksweise. (148) Diese Forderung wegen der Standbilder indes könnte jemandem lächerlich erscheinen, der die Sache und den Sinn nicht durchschaut. Die Sizilier verlangen ja nicht, man solle sie nicht zwingen, Statuen zu errichten; was denn? Daß es ihnen nicht erlaubt sei. Was bedeutet das? Du forderst von mir, daß zu tun dir nicht erlaubt sei, was doch in deiner Macht steht; fordere lieber, daß niemand dich gegen deinen Willen zwingt, etwas zu versprechen oder zu tun. »Damit richte ich nichts aus«, ist die Antwort, »denn alle werden erklären, sie hätten keinen Zwang ausgeübt; wenn du mir wirklich helfen willst, so erlege mir die strikte Anweisung auf, daß ich überhaupt kein Versprechen machen darf.« Während deiner Prätur ist diese Forderung zum ersten Mal aufgetaucht; indem sie von ihr Gebrauch machen, geben sie zu erkennen oder zeigen vielmehr ganz offen, daß sie das Geld für deine Standbilder durch Einschüchterung und üble Machenschaften gezwungen und ganz gegen ihren Willen zusammengebracht haben. (149) Wie, wenn sie dies gar nicht sagten, müßtest du es dann nicht selbst zugeben? Siehe zu und überlege genau, welche Verteidigung du wählen willst: du wirst sogleich erkennen, daß du die Sache mit den Standbildern zugeben mußt.
61 Denn man berichtet mir, deine Anwälte, scharfsinnige Männer, legen das Vorgehen in deinem Falle so fest, und sie

sis, causam tuam, et ita eos abs te institui et doceri, ut quisque ex provincia Sicilia gravior homo atque honestior testimonium vehementius dixerit, sicuti multi primarii viri multa dixerunt, te statim hoc istis tuis defensoribus dicere, 'Inimicus est propterea quod arator est.' Itaque uno genere, opinor, circumscribere habetis in animo genus hoc aratorum, quod eos infenso animo atque inimico venisse dicatis quia fuerit in decumis iste vehementior. Ergo aratores inimici omnes et adversarii sunt: nemo est eorum quin perisse te cupiat? Omnino praeclare te habes cum is ordo atque id hominum genus, quod optimum atque honestissimum est, a quo uno et summa res publica et illa provincia maxime continetur, tibi est inimicissimum. (150) Verum esto; alio loco de aratorum animo et iniuriis videro; nunc, quod mihi abs te datur, id accipio, eos tibi esse inimicissimos. Nempe ita dicis: propter decumas. Concedo: non quaero, iure an iniuria sint inimici. Quid ergo? illae quid sibi statuae equestres inauratae volunt, quae populi Romani oculos animosque maxime offendunt, propter aedem Volcani? nam inscriptum esse video quandam ex his statuis aratores dedisse. Si honoris causa statuam dederunt, inimici non sunt; credamus testibus; tum enim honori tuo, nunc iam religioni suae consulunt. Sin autem metu coacti dederunt, confiteare necesse est te in provincia pecunias statuarum nomine per vim ac metum coegisse. Utrum tibi commodum est elige.

62 (151) Equidem libenter hoc iam crimen de statuis relin-

werden von dir so unterwiesen und belehrt: jedesmal wenn jemand aus der Provinz Sizilien, ein einigermaßen gewichtiger und angesehener Mann, eine ziemlich belastende Zeugenaussage macht, wie es viele hervorragende Männer in zahlreichen Fällen getan haben, dann sagst du sofort zu deinen Verteidigern da: »Der ist mein Feind, weil er ein Landwirt ist.« Ihr habt also im Sinne,[187] glaube ich, den Stand der Landwirte als eine geschlossene Gruppe hinzustellen; denn ihr behauptet ja, sie seien in haßerfüllter und feindseliger Stimmung hierhergekommen, weil Verres bei der Einziehung des Zehnten ziemlich streng gewesen sei. Also sind die Landwirte insgesamt deine Feinde und Widersacher; ist keiner unter ihnen, der nicht deinen Untergang wünschte? Überhaupt ist es trefflich um dich bestellt, wenn der Stand und die Gruppe von Menschen, die die beste und angesehenste ist, von der das ganze Staatswohl und die Provinz Sizilien am allermeisten abhängt, mit dir tödlich verfeindet ist. (150) Aber genug davon; ich werde mich an anderer Stelle mit den Gefühlen der Landwirte und dem ihnen angetanen Unrecht beschäftigen;[188] jetzt gebe ich mich mit dem zufrieden, was du mir zugibst: daß sie deine Todfeinde sind. Denn du sagst es ja: wegen des Zehnten. Ich bin einverstanden; ich frage nicht, ob sie zu Recht oder zu Unrecht deine Feinde sind. Nun denn, was hat es mit den vergoldeten Reiterstandbildern in der Nähe des Vulkantempels[189] auf sich, die Augen und Gefühle des römischen Volkes in höchstem Maße beleidigen? Denn ich sehe dort eine Inschrift, die besagt, daß eines dieser Standbilder von den Landwirten gestiftet wurde! Wenn sie, um dich zu ehren, das Standbild gestiftet haben, dann sind sie nicht deine Feinde; dann wollen wir auch den Zeugen glauben; denn damals waren sie auf deine Ehre, jetzt sind sie auf ihr Gewissen bedacht. Wenn sie aber durch Angst getrieben die Standbilder gestiftet haben, dann mußt du zugeben, daß du in deiner Provinz die Gelder für die Standbilder durch Gewalt und Einschüchterung eingetrieben hast. Wähle, was dir gefällt.

62 (151) Ich will nun gern diesen Vorwurf wegen der Stand-

quam, ut mihi tu illud concedas, quod tibi honestissimum est, aratores tibi ad statuam honoris tui causa voluntate sua contulisse. Da mihi hoc; iam tibi maximam partem defensionis praecideris; non enim poteris aratores tibi iratos esse atque inimicos dicere. O causam singularem! o defensionem miseram ac perditam! nolle hoc accipere reum ab accusatore, et eum reum qui praetor in Sicilia fuerit, aratores ei statuam sua voluntate statuisse, aratores de eo bene existimare, amicos esse, salvum cupere! Metuit ne hoc vos existimetis; obruitur enim aratorum testimoniis. (152) Utar eo quod datur. Certe hoc vobis ita iudicandum est, eos qui isti inimicissimi sunt, ut ipse existimari vult, ad istius honores atque monumenta pecunias voluntate sua non contulisse. Atque ut hoc totum facillime intellegi possit, quem voles eorum testium quos produxero, qui ex Sicilia testes sunt, sive togatum sive Siculum, rogato, et eum qui tibi inimicissimus esse videbitur, qui se spoliatum abs te esse dicet, ecquid suo nomine in tuam statuam contulerit; neminem reperies qui neget; etenim omnes dederunt. (153) Quemquam igitur putas dubitaturum quin is quem tibi inimicissimum esse oporteat, qui abs te gravissimas iniurias acceperit, pecuniam statuae nomine dederit vi atque imperio adductus, non officio ac voluntate? Huius ego pecuniae, iudices, quae permagna est impudentissimeque coacta ab invitis, non habui rationem neque habere potui, – quantum ab aratoribus, quantum ab negotiatoribus qui Syracusis, qui Agrigenti, qui Panhormi, qui Lilybaei negotiantur esset coac-

bilder fallen lassen, wenn du mir nur zugibst, was für dich am ehrenvollsten ist: daß die Landwirte dir freiwillig, um dich zu ehren, Geld für ein Standbild gestiftet haben. Gib das nur zu, und schon schneidest du dir den wichtigsten Teil der Verteidigung ab; du kannst dann nämlich nicht mehr behaupten, die Landwirte seien gegen dich erbost und feindselig eingestellt. Was für ein einmaliger Fall! Was für eine erbärmliche und hoffnungslose Verteidigung! Daß der Angeklagte, und zwar ein Angeklagter, der Prätor in Sizilien war, es dem Ankläger nicht abnehmen will, daß die Landwirte eine gute Meinung von ihm haben, daß sie seine Freunde sind und seinen Freispruch wünschen. Er fürchtet, daß ihr das denkt; denn er wird durch die Aussagen der Landwirte schwer belastet. (152) Doch ich will nur von dem Gebrauch machen, was man mir zugibt. Jedenfalls müßt ihr zu dem Urteil kommen, daß die Leute, die seine erbittertsten Feinde sind, wie er selbst uns glauben machen will, zu seiner Ehre und für seine Denkmäler nicht freiwillig Geld aufgebracht haben. Und damit man von der ganzen Sache möglichst leicht eine Vorstellung gewinnen kann, so frage, wen du willst von den Zeugen aus Sizilien, die ich vorführen werde, ob er nun Römer oder Sizilier ist, frage auch den, der dir als dein schlimmster Feind erscheint, der behauptet, er sei von dir ausgeplündert worden, ob er im eigenen Namen etwas für dein Standbild beigetragen habe: du wirst niemanden finden, der das verneint; denn alle haben gegeben. (153) Glaubst du denn, es wird irgend jemand daran zweifeln, daß einer, der dein erbittertster Feind sein muß, der von dir schwerstes Unrecht erlitten hat, nur durch Gewalt und Befehl, nicht aber durch ein Gefühl der Verpflichtung und durch den eigenen Wunsch dazu gebracht worden ist, Geld für ein Standbild zu geben? Über diesen Geldbetrag, ihr Richter, der sehr hoch ist und von den Leuten gegen ihren Willen auf das schamloseste erpreßt wurde, habe ich keine Berechnung angestellt und konnte sie auch nicht anstellen – wieviel den Landwirten, wieviel den Kaufleuten, die in Syrakus, in Agrigent, in Panormos, in Lilybaeum Handel treiben, abgenommen wurde; ihr könnt ja auch schon seinem eigenen

tum: eam iam intellegitis ipsius quoque confessione ab invitissimis coactam esse.

63 (154) Venio nunc ad civitates Siciliae, de quibus facillime iudicium fieri voluntatis potest. An etiam Siculi inviti contulerunt? Non est probabile. Etenim sic C. Verrem praeturam in Sicilia gessisse constat ut, cum utrisque satis facere non posset, et Siculis et togatis, offici potius in socios quam ambitionis in civis rationem duxerit. Itaque eum non solum PATRONUM illius insulae, sed etiam SOTERA inscriptum vidi Syracusis. Hoc quantum est? Ita magnum ut Latine uno verbo exprimi non possit. Is est nimirum SOTER qui salutem dedit. Huius nomine etiam dies festi agitantur, pulchra illa Verria, non quasi Marcellia, sed pro Marcelliis, quae illi istius iussu sustulerunt; huius fornix in foro Syracusis est, in quo nudus filius stat, ipse autem ex equo nudatam ab se provinciam prospicit; huius statuae locis omnibus, quae hoc demonstrare videantur, prope modum non minus multas statuas istum posuisse Syracusis quam abstulisse; huic etiam Romae videmus in basi statuarum maximis litteris incisum, A COMMUNI SICILIAE DATAS. (155) Quam ob rem qui hoc probare potes cuiquam, tantos honores habitos esse ab invitis? **64** Hic tibi etiam multo magis quam paulo ante in aratoribus videndum et considerandum est quid velis. Magna res est utrum tibi Siculos publice privatimque amicos an inimicos existimari velis. Si inimicos, quid te futurum est? quo confugies? ubi nitere? Modo aratorum, honestissimorum

Geständnis entnehmen, daß das Geld ganz und gar gegen ihren Willen eingetrieben wurde.

63 (154) Ich komme jetzt zu den Gemeinden Siziliens, bei denen sich am leichtesten ein Urteil über ihre Freiwilligkeit finden läßt. Oder haben etwa auch die Sizilier ihren Beitrag wider Willen geleistet? Das ist nicht wahrscheinlich. Denn bekanntlich hat C. Verres die Prätur in Sizilien so verwaltet, daß er sich, da er beide, die Sizilier und die Römer, nicht zufriedenstellen konnte, lieber von der Pflicht gegen die Bundesgenossen als von der Bemühung um die Gunst der Mitbürger bestimmen ließ. Daher bezeichnet ihn eine Inschrift, die ich in Syrakus gesehen habe, nicht nur als Schutzherrn der Insel, sondern auch als ihren Soter. Welch großer Name! So groß, daß man ihn im Lateinischen nicht mit einem Wort wiedergeben kann. Soter ist natürlich jemand, der das Heil schenkt.[190] In seinem Namen werden auch Festtage gefeiert, das prachtvolle Verres-Fest, nicht als eine Art Marcellus-Fest, sondern an Stelle des Marcellus-Festes, das die Sizilier auf Befehl des Verres abgeschafft haben.[191] Ihm zu Ehren befindet sich auf dem Marktplatz von Syrakus ein Bogen, auf dem das Abbild seines Sohnes in entblößtem Zustand steht; er selbst aber schaut vom Pferde auf die von ihm entblößte Provinz herab. Standbilder von ihm sind allerorts, die offenbar darauf hindeuten, daß er fast ebenso viele Standbilder in Syrakus aufgestellt wie weggenommen hat; ihm zu Ehren sehen wir auch in Rom auf dem Sockel von Standbildern mit riesengroßen Buchstaben die Inschrift eingeritzt: von ganz Sizilien gemeinsam gestiftet. (155) Angesichts dieser Tatsache, wie kannst du da jemandem glaubhaft machen, so große Ehren seien von den Leuten wider ihren Willen erwiesen worden?

64 Hier mußt du noch viel mehr als kurz zuvor bei den Landwirten Obacht geben und überlegen, was du willst. Es ist von großer Bedeutung, ob du die Sizilier allesamt und im einzelnen als deine Freunde oder Feinde angesehen wissen willst. Wenn als Feinde, was soll mit dir geschehen? Was willst du als Ausflucht nehmen? Worauf dich stützen? Eben hast du dich von der beträchtlichen Zahl der Landwirte abgewendet, von

hominum ac locupletissimorum et Siculorum et civium Romanorum, maximum numerum abs te abalienasti: nunc de Siculis civitatibus quid ages? Dices tibi Siculos esse amicos? qui poteris? qui, quod nullo in homine antea fecerant, ut in eum publice testimonium dicerent, – cum praesertim ex ea provincia condemnati sint complures qui ibi praetores fuerunt, duo soli absoluti, – hi nunc veniunt cum litteris, veniunt cum mandatis, veniunt cum testimoniis publicis; qui, si te publice laudarent, tamen id more potius suo quam merito tuo facere viderentur, hi cum de tuis factis publice conqueruntur, nonne hoc indicant, tantas esse iniurias ut multo maluerint de suo more decedere quam de tuis moribus non dicere? (156) Confitendum igitur est tibi necessario Siculos inimicos esse, qui quidem [et] in te gravissima postulata consulibus ediderint, et me ut hanc causam salutisque suae defensionem susciperem obsecrarint; qui cum a praetore prohiberentur, a quattuor quaestoribus impedirentur, omnium minas atque omnia pericula prae salute sua levia duxerint; qui priore actione ita testimonia graviter vehementerque dixerint ut Artemonem Centuripinum legatum et publice testem Q. Hortensius accusatorem, non testem esse diceret. Etenim ille cum propter virtutem et fidem cum Androne, homine honestissimo et certissimo, tum etiam propter eloquentiam legatus a suis civibus electus est, ut posset multas istius et varias iniurias quam apertissime vobis planissimeque explicare.

65 Dixerunt Halaesini, Catinenses, Tyndaritani, Hennenses, Herbitenses, Agyrinenses, Netini, Segestani: enumerare omnis non est necesse. Scitis quam multi et quam multa priore

hochangesehenen und sehr wohlhabenden Leuten, die teils Sizilier, teils römische Bürger sind: wie willst du dich jetzt bei den sizilischen Gemeinden verhalten? Willst du sagen, die Sizilier seien deine Freunde? Wie kannst du das? Sie sind bisher bei keinem Menschen so weit gegangen, öffentlich gegen ihn auszusagen, obwohl doch wegen dieser Provinz mehrere, die dort Prätor waren, verurteilt und nur zwei freigesprochen worden sind[192] – die kommen jetzt mit Schriftstücken, kommen mit Anweisungen, kommen mit amtlichen Zeugenerklärungen. Wenn sie dich von Amts wegen belobigten, so würde man doch denken, sie täten das mehr nach ihrer Gewohnheit als wegen deiner Verdienste; da sie sich nun von Amts wegen über deine Taten beschweren, verraten sie damit nicht deutlich, das Unrecht sei so groß, daß sie es bei weitem vorzogen, von ihrer Sitte abzugehen als über deine Sitten nichts zu sagen? (156) Du mußt also notwendigerweise zugeben, daß die Sizilier deine Feinde sind – sie, die ja gegen dich schwer belastende Eingaben bei den Konsuln gemacht und mich beschworen haben, diesen Fall und die Verteidigung ihres Wohls zu übernehmen, die, obwohl sie vom Prätor zurückgehalten,[193] von vier Quästoren behindert wurden,[194] alle Drohungen und alle Gefahren im Vergleich zu ihrer Rettung für unbedeutend hielten, die in der vorigen Verhandlung als Zeugen so eindringlich und schonungslos ausgesagt haben, daß Q. Hortensius erklärte, Artemon, der Gesandte und amtlich bevollmächtigte Zeuge aus Centuripae, sei ein Ankläger und kein Zeuge. Denn dieser wurde nicht nur wegen seiner Tüchtigkeit und Pflichttreue, sondern auch wegen seiner Wortgewandtheit zusammen mit Andron, einem hochangesehenen und überaus zuverlässigen Mann, von seinen Mitbürgern zum Gesandten bestimmt, euch die vielen und verschiedenartigen Rechtsverletzungen des Verres möglichst offen und deutlich zu schildern.

65 Ausgesagt haben Zeugen aus Halaesa[195], Catina[196], Tyndaris[197], Henna[198], Herbita[199], Agyrion[200], Netum[201], Segesta[202]; alle aufzuzählen ist nicht nötig. Ihr wißt, wie viele in der ersten Verhandlung ausgesagt haben und wie vieles sie

actione dixerint: nunc et illi et reliqui dicent. (157) Omnes denique hoc in hac causa intellegent, hoc animo esse Siculos ut, si in istum animadversum non sit, sibi relinquendas domos ac sedes suas et ex Sicilia decedendum atque adeo fugiendum esse arbitrentur. Hos homines tu persuadebis ad honorem atque amplitudinem tuam pecunias maximas voluntate sua contulisse? Credo, qui te in tua civitate incolumem esse nollent, hi monumenta tuae formae ac nominis in suis civitatibus esse cupiebant. Res declarabit ut cupierint. Iam dudum enim mihi nimium tenuiter Siculorum erga te voluntatis argumenta colligere videor, utrum statuas voluerint tibi statuere an coacti sint.

(158) De quo hoc homine auditum est umquam, quod tibi accidit, ut eius in provincia statuae in locis publicis positae, partim etiam in aedibus sacris, per vim et per universam multitudinem deicerentur? Tot homines in Asia nocentes, tot in Africa, tot in Hispania, Gallia, Sardinia, tot in ipsa Sicilia fuerunt: ecquo de homine hoc umquam audivistis? Novum est, iudices, in Siculis quidem et in omnibus Graecis monstri simile. Non crederem hoc de statuis nisi iacentis revulsasque vidissem, propterea quod apud omnis Graecos hic mos est, ut honorem hominibus habitum in monumentis eius modi non nulla religione deorum consecrari arbitrentur. (159) Itaque Rhodii, qui prope soli bellum illud superius cum Mithridate rege gesserint, omnisque eius copias acerrimumque impetum moenibus litoribus classibusque suis exceperint, tamen, cum

sagten. Jetzt werden sowohl sie wie auch die übrigen aussagen. (157) Kurz, alle werden in diesem Verfahren erkennen, daß die Stimmung der Sizilier die ist, daß sie glauben, sie müßten, wenn man Verres nicht bestrafe, ihre Häuser und Wohnsitze verlassen und aus Sizilien wegziehen oder vielmehr fliehen.[203] Und diese Leute, willst du uns einreden, hätten zu deiner Ehre und Auszeichnung freiwillig die größten Geldbeträge beigesteuert? Sie, die nichts davon wissen wollten, daß du in deiner Gemeinde unversehrt davonkommst, wünschten vermutlich in ihren Gemeinden Denkmäler deiner Gestalt und deines Namens zu haben. Die Sache wird zeigen, wie sehr sie das wünschten. Denn schon lange, dünkt mich, sammle ich allzu zaghaft Beweise dafür, wie die Sizilier gegen dich gesonnen waren: ob sie dir aus eigenem Willen Standbilder errichtet haben oder dazu gezwungen worden sind.

(158) Von welchem Menschen hat man jemals gehört, was dir widerfahren ist: daß in seiner Provinz die Standbilder von ihm, die auf öffentlichen Plätzen, zum Teil sogar in Heiligtümern aufgestellt waren, mit Gewalt durch die gesamte Bevölkerung umgestürzt wurden? So viele straffällige Statthalter hat es in Asien gegeben, so viele in Afrika, so viele in Spanien, Gallien und Sardinien, so viele selbst in Sizilien: habt ihr etwa von irgendeinem Menschen jemals so etwas gehört? Das ist beispiellos, ihr Richter, etwas, was bei den Siziliern wenigstens und allen Griechen einer Ungeheuerlichkeit gleichkommt. Ich würde diese Sache mit den Standbildern nicht glauben, hätte ich sie nicht liegen sehen, zu Boden gestürzt, und zwar deshalb nicht, weil bei allen Griechen die Auffassung zu herrschen pflegt, daß die Ehrung, die man Menschen durch derartige Denkmäler erweist, gewissermaßen einen Weiheakt des Götterkultes darstellt. (159) Und dementsprechend verhielten sich die Rhodier: obwohl sie fast allein den ersten Krieg gegen König Mithridates führten[204] und allen seinen Truppen und dem schärfsten Angriff mit ihren Mauern, Küsten und Flotten standhielten, haben sie, obgleich sie mehr als andere über diesen König erbittert waren, dennoch

ei regi inimici praeter ceteros essent, statuam eius, quae erat apud ipsos in celeberrimo urbis loco, ne tum quidem in ipsis urbis periculis attigerunt. Ac forsitan vix convenire videretur, quem ipsum hominem cuperent evertere, eius effigiem simulacrumque servare; sed tamen videbam, apud eos cum essem, et religionem esse quandam in his rebus a maioribus traditam, et hoc disputari, cum statua se eius habuisse temporis rationem quo posita esset, cum homine eius quo gereret bellum atque hostis esset. **66** Videtis igitur consuetudinem religionemque Graecorum, quae monumenta hostium in bello ipso soleat defendere, eam summa in pace praetoris populi Romani statuis praesidio non fuisse. (160) Tauromenitani, quorum est civitas foederata, homines quietissimi, qui maxime ab iniuriis nostrorum magistratuum remoti consuerant esse praesidio foederis, – hi tamen istius evertere statuam non dubitarunt; qua abiecta basim tamen in foro manere voluerunt, quod gravius in istum fore putabant si scirent homines statuam eius a Tauromenitanis esse deiectam quam si nullam umquam positam esse arbitrarentur. Tyndaritani deiecerunt in foro et eadem de causa equum inanem reliquerunt. Leontinis, misera in civitate atque inani, tamen istius in gymnasio statua deiecta est. Nam quid ego de Syracusanis loquar? quod non est proprium Syracusanorum, sed et illorum et commune conventus illius ac prope totius provinciae. Quanta illuc multitudo, quanta vis hominum convenisse dicebatur tum cum statuae sunt illius deiectae et eversae! At

sein Standbild, das bei ihnen auf dem belebtesten Platz stand, nicht einmal damals inmitten der Gefahren für ihre Stadt angerührt. Und man mag es möglicherweise kaum für vereinbar halten, daß sie das Bild und die Darstellung eines Mannes schonten, den sie selbst zu vernichten wünschten; indessen, ich sah, als ich bei ihnen war,[205] daß bei ihnen in diesen Dingen eine gewisse von den Vorfahren überkommene Scheu besteht; auch hörte ich sie die Auffassung vertreten, bei dem Standbild hätten sie Rücksicht auf die Zeit genommen, in der es errichtet wurde, bei dem Menschen auf die Zeit, in der er Krieg führte und ihr Feind war. **66** Ihr seht also: die althergebrachte Scheu der Griechen, die die Denkmäler der Feinde sogar mitten im Kriege zu schonen pflegt, hat nicht im tiefsten Frieden den Standbildern eines Prätors des römischen Volkes Schutz gewährt. (160) Die Tauromenier, deren Gemeinde mit uns verbündet ist, sind sehr ruhige Leute, die gewöhnt waren, im Schutze des Bündnisses von den Übergriffen unserer Beamten im wesentlichen verschont zu bleiben.[206] Dennoch trugen sie keine Bedenken, das Standbild des Verres umzustürzen. Als sie es niedergerissen hatten, wollten sie gleichwohl den Sockel auf dem Marktplatz stehenlassen, weil sie meinten, es sei ein schwererer Schlag für diesen Menschen, wenn die Leute wüßten, daß die Tauromenier sein Standbild niedergerissen hätten, als wenn sie glaubten, es sei niemals eines errichtet worden. Die Bewohner von Tyndaris rissen die Figur auf dem Marktplatz herunter, ließen aber aus demselben Grunde das Pferd ohne Reiter stehen. In Leontinai[207], einer armen und unbemittelten Gemeinde, gab es gleichwohl im Gymnasium ein Standbild von ihm; es wurde umgeworfen. Denn was soll ich noch von den Syrakusanern sprechen? Handelt es sich doch dort um einen Vorgang, der nicht ausschließlich die Syrakusaner angeht, sondern der sie und den Bezirk und fast die ganze Provinz gemeinsam betrifft. Welche Menge, welche Fülle von Menschen strömte dort, wie man uns erzählte, an dem Tage zusammen, als seine Standbilder umgeworfen und niedergerissen wurden! Und man bedenke – an welcher Stelle! An der

quo loco! Celeberrimo ac religiosissimo, ante ipsum Serapim, in primo aditu vestibuloque templi. Quod nisi Metellus hoc tam graviter egisset atque illam rem imperio edictoque prohibuisset, vestigium statuarum istius in tota Sicilia nullum esset relictum.

(161) Atque ego hoc non vereor, ne quid horum non modo impulsu verum omnino adventu meo factum esse videatur. Omnia ista ante facta sunt non modo quam ego Siciliam, verum etiam quam iste Italiam attigit. Dum ego in Sicilia sum, nulla statua deiecta est: posteaquam illinc decessi, quae sint gesta cognoscite. **67** Centuripinorum senatus decrevit populusque iussit ut, quae statuae Verris ipsius et patris eius et filii essent, eas quaestores demoliendas locarent, dumque ea demolitio fieret, senatores ne minus triginta adessent. Videte gravitatem civitatis ac dignitatem. Neque eas in urbe sua statuas esse voluerunt quas inviti per vim atque imperium dedissent, neque eius hominis in quem ipsi cum gravissimo testimonio publice, quod numquam antea, Romam mandata legatosque misissent; et id gravius esse putarunt si publico consilio, quam si per vim multitudinis factum esse videretur. (162) Cum hoc consilio statuas Centuripini publice sustulissent, audit Metellus; graviter fert; evocat ad se Centuripinorum magistratus et decem primos; nisi restituissent statuas, vehementer minatur. Illi ad senatum renuntiant: statuae, quae istius causae nihil prodessent, reponuntur; decreta Centuripinorum, quae de statuis erant facta, non tolluntur. Hic ego

belebtesten und heiligsten, unmittelbar vor der Serapisstatue vorn in der Eingangshalle des Tempels.[208] Und wäre Metellus nicht so streng dagegen vorgegangen und hätte er diese Sache nicht durch Befehle und Verfügungen verhindert: keine Spur von den Standbildern des Verres wäre in ganz Sizilien übriggeblieben.

(161) Und ich muß nicht befürchten, daß es so aussieht, als sei derlei, ich will nicht sagen auf meinen Anstoß, sondern überhaupt nur wegen meiner Ankunft geschehen. Alles dies hat sich vorher zugetragen, nicht nur bevor ich Sizilien, sondern auch bevor Verres Italien erreichte. Während ich in Sizilien war, wurde kein einziges Standbild umgestürzt; was nach meiner Abreise von dort geschehen ist, sollt ihr jetzt hören.

67 Der Rat von Centuripae hat beschlossen und das Volk angeordnet: den Abriß der Standbilder, die für Verres selbst und für seinen Vater und seinen Sohn errichtet worden seien, sollten die Quästoren[209] vergeben und während des Abreißens sollten nicht weniger als dreißig Ratsherren anwesend sein. Bemerkt das strenge und würdige Verhalten der Gemeinde: sie wollten diese Standbilder nicht in ihrer Stadt haben, die sie gegen ihren Willen, durch Druck und Befehl gezwungen, gestiftet hatten, und schon gar nicht die eines Mannes, gegen den sie selbst von Amts wegen bevollmächtigte Gesandte mit schwer belastenden Zeugnissen nach Rom geschickt hatten, was bis dahin noch niemals vorgekommen war. Und sie glaubten, ihr Vorgehen habe größeres Gewicht, wenn man sehe, daß es durch einen öffentlichen Beschluß und nicht durch den Druck der Volksmenge veranlaßt sei. (162) Als die Bewohner von Centuripae gemäß diesem Beschluß die Standbilder von Amts wegen entfernt hatten, hört Metellus davon. Er nimmt es übel auf, er lädt sich die Beamten und die zehn Vorsteher[210] von Centuripae vor; er droht ihnen heftig für den Fall, daß sie die Standbilder nicht wiederaufstellten. Diese erstatten ihrem Rat Bericht; die Standbilder, die der Sache des Verres nichts nützen konnten, werden wiederaufgestellt, aber die Beschlüsse der Centuripiner, die wegen der Standbilder gefaßt worden waren, nicht

aliud alii concedo: Metello, homini sapienti, prorsus non possum ignoscere si quid stulte facit. Quid? ille hoc putabat Verri criminosum fore, si statuae eius essent deiectae, quod saepe vento aut aliquo casu fieri solet? Non erat in hoc neque crimen ullum neque reprehensio. Ex quo igitur crimen atque accusatio nascitur? Ex hominum iudicio et voluntate. **68** (163) Ego, si Metellus statuas Centuripinos reponere non coegisset, haec dicerem, Videte, iudices, quantum et quam acerbum dolorem sociorum atque amicorum animis inusserint istius iniuriae, cum Centuripinorum amicissima ac fidelissima civitas, quae tantis officiis cum populo Romano coniuncta est ut non solum rem publicam nostram, sed etiam in quovis homine privato nomen ipsum Romanum semper dilexerit, ea publico consilio atque auctoritate iudicarit C. Verris statuas esse in urbe sua non oportere. Recitarem decreta Centuripinorum; laudarem illam civitatem, id quod verissime possem; commemorarem decem milia civium esse Centuripinorum, fortissimorum fidelissimorumque sociorum; eos omnis hoc statuisse, monumentum istius in sua civitate nullum esse oportere. (164) Haec tum dicerem, si statuas Metellus non reposuisset: velim quaerere nunc ex ipso Metello, quidnam sua vi et auctoritate mihi ex hac oratione praeciderit. Eadem opinor omnia convenire. Neque enim, si maxime statuae deiectae essent ego eas vobis possem iacentis ostendere; hoc uno uterer, civitatem tam gravem iudicasse statuas C. Verris demoliendas. Hoc mihi Metellus non eri-

aufgehoben. Nun, ich sehe dem einen dies, dem anderen das nach, doch hier kann ich's dem Metellus, einem klugen Manne, ganz und gar nicht verzeihen, wenn er etwas so Dummes tut. Wie? Glaubte er, es könnte für Verres belastend sein, wenn seine Standbilder umgestürzt wären, was doch oft durch den Wind oder sonst einen Zufall zu geschehen pflegt? Hierin lag kein Vorwurf noch Tadel. Woraus erwächst denn ein Vorwurf und eine Anklage? Aus dem Urteil und der Gesinnung der Menschen. **68** (163) Wenn Metellus die Bewohner von Centuripae nicht gezwungen hätte, die Standbilder wiederaufzustellen, würde ich folgendes sagen: seht, ihr Richter, welch brennender und welch bitterer Schmerz muß sich durch die Rechtsbrüche des Verres in die Herzen unserer Bundesgenossen und Freunde hineingefressen haben, wenn die mit uns eng befreundete und uns treu ergebene Gemeinde von Centuripae, die durch viele Verdienste mit dem römischen Volk so eng verbunden ist, daß sie allezeit nicht nur unseren Staat, sondern sogar in jeder Privatperson schon den römischen Namen geachtet hat – wenn diese Gemeinde durch öffentliche Entschließung und Willenserklärung bekundet hat, daß es keine Standbilder des C. Verres in ihrer Stadt geben dürfe. Ich würde die Beschlüsse der Centuripiner vorlesen, würde die Gemeinde loben, was ich mit voller Berechtigung tun könnte, würde erwähnen, daß es zehntausend Bürger in Centuripae gibt, überaus tüchtige und treue Bundesgenossen, und daß die alle sich dahin ausgesprochen hätten, in ihrer Gemeinde dürfe es kein Denkmal des Verres geben. (164) Das würde ich sagen, wenn Metellus die Standbilder nicht wieder hätte aufstellen lassen. Jetzt möchte ich Metellus selbst fragen, ob er mir denn durch sein Machtwort meine Rede um irgend etwas beschnitten hat. Ich meine, alles trifft noch in gleicher Weise zu. Denn auch wenn die Standbilder vollständig umgestürzt wären, könnte ich sie euch nicht am Boden liegend zeigen; ich könnte nur das eine geltend machen, daß eine so achtenswerte Gemeinde den Beschluß gefaßt hatte, die Standbilder des C. Verres müßten abgerissen werden. Dieses Argument hat mir Metellus nicht

puit; haec etiam addidit, ut quererer, si mihi videretur, tam iniquo iure sociis atque amicis imperari ut iis ne in suis quidem beneficiis libero iudicio uti liceret, vos rogarem ut coniecturam faceretis qualem in his rebus in me L. Metellum fuisse putaretis, in quibus [rebus] obesse mihi posset, cum in hac re tam aperta cupiditate fuerit, in qua nihil obfuit. Sed ego Metello non irascor neque ei suam vacationem eripio, qua ille apud omnis utitur, ut nihil malitiose neque consulto fecisse videatur.

69 (165) Iam igitur est ita perspicuum ut negare non possis nullam tibi statuam voluntate cuiusquam datam, nullam pecuniam statuarum nomine nisi vi expressam et coactam. Quo quidem in crimine non illud solum intellegi volo, te ad statuas HS viciens coegisse, sed multo etiam illud magis, quod simul demonstratum est quantum odium in te aratorum, quantum omnium Siculorum sit et fuerit. In quo quae vestra defensio futura sit coniectura adsequi non queo. (166) 'Oderunt Siculi; togatorum enim causa multa feci.' At hi quidem acerrimi inimici sunt. 'Inimicos habeo civis Romanos, quod sociorum commoda ac iura defendi.' At socii in hostium numero sese abs te habitos queruntur. 'Aratores inimici sunt propter decumas.' Quid? qui agros immunis liberosque arant, cur oderunt? cur Halaesini, cur Centuripini, cur Segestani, cur Halicyenses? Quod genus hominum, quem numerum, quem ordinem proferre possum qui te non oderit, sive civium Romanorum sive Siculorum? ut, etiamsi causas cur te oderint non possim dicere, tamen illud dicendum

genommen; ja er hat mir noch die folgenden zusätzlich geliefert: ich könnte mich ja, wenn es mir richtig erschiene, darüber beschweren, daß man auf eine so ungerechte Weise über Bundesgenossen und Freunde herrsche, daß sie nicht einmal bei der Verleihung von Auszeichnungen eine freie Entscheidung fällen dürften; ich könnte euch bitten, Vermutungen darüber anzustellen, wie sich L. Metellus eurer Meinung nach in den Fällen gegen mich verhalten hat, in denen er mir schaden konnte, da er schon in dieser Sache, in der er mir überhaupt nicht schadete, eine so offenkundige Parteilichkeit gezeigt hat. Doch ich zürne Metellus nicht und nehme ihm nicht seine Rechtfertigung, die er bei allen vorbringt: er glaube nichts in böser Absicht getan zu haben.

69 (165) Jetzt also ist es so klar, daß du es nicht leugnen kannst: kein Standbild wurde dir freiwillig von jemand gestiftet, kein Geld für Standbilder, das nicht gewaltsam erpreßt und eingetrieben worden ist. Und aus diesem Vorwurf geht, meine ich, nicht nur deutlich hervor, daß du zwei Millionen Sesterzen für Standbilder eingetrieben hast, sondern noch viel mehr das, was gleichzeitig bewiesen ist: wie groß der Haß der Landwirte, wie groß der aller Sizilier gegen dich gewesen ist und noch ist. Wie nun in diesem Punkte eure Verteidigung aussehen wird, vermag ich nicht einmal zu erraten. (166) »Die Sizilier hassen mich; ich habe eben viel für die Römer getan.« Doch gerade sie sind deine schärfsten Feinde. »Ich habe mir die römischen Bürger zu Feinden gemacht, weil ich die Interessen und Rechte der Bundesgenossen verteidigt habe.« Doch die Bundesgenossen beschweren sich, sie seien von dir wie Feinde behandelt worden. »Die Landwirte sind wegen des Zehnten meine Feinde.« Wie? Die Leute, die abgaben- und steuerfreies Land bestellen, warum hassen sie dich? Warum die Bewohner von Halaesa, von Centuripae, von Segesta, von Halikyai[211]? Welche Art von Menschen, welche Klasse, welchen Stand könnte ich anführen, der dich nicht haßt, ob sie nun römische Bürger oder Sizilier sind? Angenommen, ich könnte die Gründe nicht nennen, warum sie dich hassen, so würde ich doch glauben, behaupten zu

putem, quem omnes mortales oderint, eum vobis quoque odio esse oportere. (167) An hoc dicere audebis, utrum de te aratores, utrum negotiatores, utrum denique Siculi universi bene existiment, aut quo modo existiment, ad rem id non pertinere? Neque tu hoc dicere audebis, nec si cupias licebit; eripiunt enim tibi istam orationem statuae illae equestres, quas tu paulo ante quam ad urbem venires poni inscribique iussisti, ut omnium inimicorum tuorum animos accusatorumque tardares. (168) Quis enim tibi molestus esset aut quis appellare te auderet, cum videret statuas ab negotiatoribus, ab aratoribus, a communi Siciliae positas? Quod est aliud in illa provincia genus hominum? Nullum. Ergo ab universa provincia, generatimque a singulis eius partibus, non solum diligitur, sed etiam ornatur. Quis hunc attingere audeat? Potes igitur dicere nihil tibi obesse oportere aratorum, negotiatorum, Siculorumque omnium testimonia, cum eorum nominibus in statuarum inscriptione oppositis omnem te speraris invidiam atque infamiam tuam posse exstingere? an, quorum tu auctoritate statuas cohonestare tuas conatus es, eorum ego dignitate accusationem meam comprobare non potero?
(169) Nisi forte quod apud publicanos gratiosus fuisti, in ea re spes te aliqua consolatur. Quae gratia ne quid tibi prodesse posset ego mea diligentia perfeci; ut etiam obesse deberet tu tua sapientia curasti. 70 Etenim rem totam, iudices, breviter cognoscite. In scriptura Siciliae pro magistro est quidam L. Carpinatius, qui et sui quaestus causa, et fortasse quod sociorum interesse arbitrabatur, bene penitus in istius familiaritatem sese dedit. Is cum praetorem circum omnia fora

dürfen: wen alle Menschen hassen, der müsse auch euch verhaßt sein. (167) Oder wirst du zu sagen wagen: ob die Landwirte, ob die Kaufleute, kurz, ob alle Sizilier gut von dir denken, oder wie sie überhaupt von dir denken, das gehöre nicht zur Sache? Doch du wirst das nicht zu sagen wagen, noch wirst du es können, wenn du es auch gern möchtest; denn eine solche Äußerung ist dir durch die Reiterstandbilder verwehrt, die du kurz vor deiner Ankunft in der Hauptstadt hast aufstellen und mit Inschriften versehen lassen, um den Mut aller deiner Feinde und Ankläger zu lähmen. (168) Denn wer würde dich behelligen oder wer dich zur Rede zu stellen wagen, wenn er die Standbilder sähe, die von Kaufleuten, von Landwirten, von ganz Sizilien gemeinsam errichtet worden sind? Welche Art von Menschen gibt es sonst noch in dieser Provinz? Keine. Also wird er von der ganzen Provinz und gruppenweise von den einzelnen Schichten ihrer Bevölkerung nicht nur geschätzt, sondern auch geehrt. Wer möchte da diesen Mann anzurühren wagen? Kannst du also behaupten, dir dürften die Aussagen der Landwirte, der Kaufleute und aller Sizilier nicht schaden, da du doch hofftest, du könntest allen Haß auf dich und allen Schimpf austilgen, wenn du ihre Namen auf den Inschriften der Standbilder zu deinem Schutze anbrächtest? Durch ihr Gewicht versuchtest du deinen Standbildern Glanz zu verleihen – soll mir da etwa nicht gestattet sein, durch ihr Ansehen meine Anklage glaubhaft zu machen?

(169) Doch vielleicht findest du in der Tatsache, daß du bei den Steuerpächtern beliebt warst, einige Hoffnung auf Trost.[212] Daß dir diese Beliebtheit nichts nützen kann, habe ich durch meine Sorgfalt erreicht; daß sie dir sogar schaden muß, hast du durch deine Klugheit zustande gebracht.
70 Laßt euch denn die ganze Sache in Kürze erläutern, ihr Richter. Für das Weidegeld in Sizilien ist stellvertretender Geschäftsführer ein gewisser L. Carpinatius[213]; der schloß eine ganz innige Freundschaft mit Verres, teils um des eigenen Gewinnes willen, und vielleicht auch, weil er glaubte, das liege im Interesse der Gesellschafter. Da er den Prätor rund-

sectaretur neque ab eo umquam discederet, in eam iam venerat consuetudinem in vendendis istius decretis et iudiciis transigendisque negotiis, ut prope alter Timarchides numeraretur; (170) hoc erat etiam capitalior, quod idem pecunias iis qui ab isto aliquid mercabantur faenori dabat. Ea autem faeneratio erat eius modi, iudices, ut etiam is quaestus huic cederet; nam quas pecunias ferebat iis expensas quibuscum contrahebat, eas aut scribae istius aut Timarchidi aut etiam isti ipsi referebat acceptas. Idem praeterea pecunias istius extraordinarias grandis suo nomine faenerabatur. (171) Hic primo Carpinatius, antequam in istius familiaritatem tantam pervenisset, aliquotiens ad socios litteras de istius iniuriis miserat; Canuleius vero, qui in portu Syracusis operas dabat, furta quoque istius permulta nominatim ad socios perscripserat, ea quae sine portorio Syracusis erant exportata; portum autem et scripturam eadem societas habebat. Ita factum est ut essent permulta quae ex societatis litteris dicere in istum et proferre possemus. (172) Verum accidit ut Carpinatius, qui iam cum isto summa consuetudine, praeterea re ac ratione coniunctus esset, crebras postea litteras ad socios de istius summis officiis in rem communem beneficiisque mitteret. Etenim cum iste omnia quaecumque Carpinatius postulabat facere ac decernere solebat, tum ille etiam plura scribebat ad socios, ut, si posset, quae antea scripserat, ea plane exstingueret. Ad extremum vero, cum iste iam decedebat, eius modi litteras ad eos misit: ut huic frequentes obviam prodirent,

herum zu allen Gerichtsplätzen begleitete und niemals von seiner Seite wich, hatte er es beim Verkauf von dessen Verordnungen und Urteilen sowie bei der Durchführung der Geschäfte alsbald zu einer solchen Übung gebracht, daß er fast für einen zweiten Timarchides gehalten wurde. (170) Er war sogar noch gefährlicher, weil er denen, die von Verres etwas erkaufen wollten, zugleich Geld auf Zinsen lieh. Dieses Geschäft mit Wucherzinsen war so angelegt, ihr Richter, daß hieraus ein Gewinn für Verres abfiel. Denn die Gelder, die er als Auszahlung an seine Vertragspartner verbuchte, die schrieb er entweder dem Schreiber des Verres oder dem Timarchides oder auch dem Verres selbst gut. Außerdem verlieh er auch die außerordentlichen Gelder[214] des Verres, große Beträge, im eigenen Namen auf Zinsen aus. (171) Dieser Carpinatius hatte zunächst, bevor er eine so enge Freundschaft mit Verres eingegangen war, einige Male seine Mitgesellschafter brieflich über dessen Rechtsverstöße in Kenntnis gesetzt. Ferner hatte Canuleius, der im Hafen von Syrakus Dienst tat,[215] auch über die zahlreichen Hinterziehungen des Verres einen bis ins einzelne gehenden schriftlichen Bericht an die Mitgesellschafter geschickt, über die Waren, die ohne Hafenzoll aus Syrakus ausgeführt worden waren; den Hafenzoll und den Weidezins hatte nämlich dieselbe Gesellschaft gepachtet. So hat es sich ergeben, daß wir aus den Akten der Gesellschaft sehr vieles gegen Verres anführen und vorbringen könnten. (172) Indes geschah es, daß Carpinatius, der schon durch ein sehr enges Freundschaftsverhältnis und zudem durch Geschäftsinteressen mit Verres verbunden war, später zahlreiche Briefe an die Mitgesellschafter schickte, die von dessen großen Gefälligkeiten und guten Diensten zum Vorteil der Gesellschaft berichteten. Denn da Verres alles, was Carpinatius verlangte, zu tun und zu bestimmen pflegte, schrieb der darauf immer noch mehr an die Mitgesellschafter, um, wenn möglich, was er früher geschrieben hatte, völlig auszulöschen. Am Ende aber, als Verres schon im Begriff war abzureisen, schickte er ihnen ein solches Schreiben, daß sie Verres zahlreich entgegengingen und ihren Dank abstatteten

gratias agerent, facturos se si quid imperasset studiose pollicerentur. Itaque socii fecerunt vetere instituto publicanorum, non quo istum ullo honore dignum arbitrarentur, sed quod sua interesse putabant se memores gratosque existimari: gratias isti egerunt, Carpinatium saepe ad se de eius officiis litteras misisse dixerunt. 71 (173) Iste cum respondisset ea se libenter fecisse operasque Carpinati magno opere laudasset, dat amico suo cuidam negotium, qui tum magister erat eius societatis, ut diligenter caveret atque prospiceret ne quid esset in litteris sociorum quod contra caput suum aut existimationem valere posset. Itaque ille multitudine sociorum remota decumanos convocat, rem defert. Statuunt illi atque decernunt ut eae litterae quibus existimatio C. Verris laederetur removerentur, operaque daretur ne ea res C. Verri fraudi esse posset. (174) Si ostendo hoc decrevisse decumanos, si planum facio hoc decreto remotas esse litteras, quid exspectatis amplius? possumne magis rem iudicatam adferre, magis reum condemnatum in iudicium adducere? At quorum iudicio condemnatum! Nempe eorum quos ii qui severiora iudicia desiderant arbitrantur res iudicare oportere [publicanorum iudicio]; quos videlicet nunc populus iudices poscit, de quibus, ut eos iudices habeamus, legem ab homine non nostri generis, non ex equestri loco profecto, sed nobilissimo promulgatam videmus; (175) decumani, hoc est principes et quasi senatores publicanorum, removendas de medio litteras censuerunt. Habeo ex iis qui adfuerunt quos producam, quibus hoc com-

sowie geflissentlich versprachen, sie würden tun, was er ihnen auferlege. Die Gesellschafter handelten hierbei nach einem alten Brauch der Steuerpächter, nicht als ob sie Verres irgendeiner Ehre für wert hielten, sondern weil sie glaubten, es liege in ihrem eigenen Interesse, wenn man sie nicht für vergeßlich und undankbar halte; so statteten sie ihm ihren Dank ab und erklärten ihm, Carpinatius habe ihnen oft brieflich von seinen Gefälligkeiten berichtet. **71** (173) Verres antwortete, das habe er gern getan, und lobte die Dienste des Carpinatius in hohem Maße; dann gibt er einem seiner Freunde, der damals Vorsteher dieser Gesellschaft war,[216] den Auftrag, er möge doch sorgfältig aufpassen und dafür sorgen, daß in den Berichten der Gesellschafter nichts stünde, was sich gegen seine Person oder seinen Ruf auswirken könne. Dieser ruft daher (wobei er die große Zahl der übrigen Gesellschafter ausschloß) die Zehntpächter zusammen und trägt ihnen die Sache vor. Die entscheiden und beschließen, man solle die Schriftstücke, die dem Rufe des C. Verres schadeten, beseitigen und alle Mühe darauf verwenden, daß hieraus dem C. Verres kein Nachteil entstehen könne. (174) Wenn ich zeige, daß die Zehntpächter dies beschlossen haben, wenn ich nachweise, daß man auf diesen Beschluß hin Schriftstücke beseitigt hat, was erwartet ihr dann noch weiter von mir? Könnte ich eine deutlicher entschiedene Sache vorbringen, einen eindeutiger verurteilten Angeklagten vor Gericht laden? Doch durch wessen Spruch verurteilt? Doch wohl durch den Spruch derer, die nach der Meinung der Leute, die strengere Gerichte wünschen, die Rechtsprechung ausüben sollten; offensichtlich sind es die, die das Volk jetzt zu Richtern verlangt, um deretwillen, damit wir sie als Richter haben, wir einen Gesetzesvorschlag öffentlich angeschlagen sehen, und zwar von einem Manne nicht unseres Standes und nicht aus ritterlicher Familie, sondern aus höchstem Adel.[217] (175) Die Zehntpächter, das heißt die führenden Männer und gleichsam die Senatoren der Steuerpächter, beschlossen, die Schriftstücke zu beseitigen. Ich kann einige von denen, die bei der Beratung zugegen waren, als Zeugen

mittam, homines honestissimos ac locupletissimos, istos ipsos principes equestris ordinis, quorum splendore vel maxime istius qui legem promulgavit oratio et causa nititur. Venient in medium, dicent quid statuerint; profecto, si recte homines novi, non mentientur; litteras enim communis de medio removere potuerunt, fidem suam et religionem removere non possunt. Ergo equites Romani, qui te suo iudicio condemnarunt, horum iudicio condemnari noluerunt: vos nunc utrum illorum iudicium an voluntatem sequi malitis, considerate.

72 (176) At vide quid te amicorum tuorum studium, quid tuum consilium, quid sociorum voluntas adiuvet. Dicam paulo promptius; neque enim iam vereor ne quis hoc me magis accusatorie quam libere dixisse arbitretur. Si istas litteras non decreto decumanorum magistri removissent, tantum possem in te dicere quantum in litteris invenissem: nunc decreto isto facto litterisque remotis tantum mihi licet dicere quantum possum, tantum iudici suspicari quantum velit. Dico te maximum pondus auri argenti eboris purpurae, plurimam vestem Melitensem, plurimam stragulam, multam Deliacam supellectilem, plurima vasa Corinthia, magnum numerum frumenti, vim mellis maximam Syracusis exportasse; his pro rebus quod portorium non esset datum, litteras ad socios misisse L. Canuleium, qui in portu operas daret. (177) Satisne magnum crimen hoc videtur? Nullum, opinor, maius. Qui defendet Hortensius? Postulabit ut litteras Canu-

vorführen, solche, denen ich in dieser Sache vertrauen darf, hochangesehene und sehr wohlhabende Leute, die führenden Männer des Ritterstandes selbst, auf deren Ausstrahlungskraft sich die Empfehlung und die Sache dessen, der das Gesetz angekündigt hat,[218] hauptsächlich stützen. Sie werden hier auftreten, werden aussagen, was sie beschlossen haben; gewiß werden sie, wenn ich die Männer richtig kenne, nicht lügen; denn sie konnten zwar gemeinschaftliche Schriftstücke beseitigen, doch das ihnen eigene Pflichtgefühl und Gewissen können sie nicht beseitigen. Demnach wünschten die römischen Ritter, die dich durch ihr eigenes Urteil schuldig sprachen, nicht, daß du auch durch das Urteil dieser Richter hier schuldig gesprochen würdest; doch an euch ist es jetzt zu überlegen, ob ihr euch lieber durch ihr Urteil oder durch ihren Wunsch leiten lassen wollt.

72 (176) Doch sieh, was dir der Eifer deiner Freunde, was deine eigene Überlegung, was das Entgegenkommen von seiten der Steuerpächter nützt. Ich will etwas freimütiger sprechen; denn ich befürchte jetzt nicht mehr so sehr, daß jemand glaubt, ich hätte das mehr wie ein übertreibender Ankläger als wie ein unvoreingenommener Mann gesagt. Hätten die Vorsteher jene Schriftstücke nicht gemäß dem Beschluß der Zehntpächter beseitigt, dann könnte ich nur so viel gegen dich vorbringen, wie ich in den Schriftstücken gefunden hätte. Jetzt aber, da man jenen Beschluß gefaßt und die Schriftstücke beseitigt hat, steht es mir frei, so viel zu behaupten, wie ich kann, und dem Richter, so viel zu mutmaßen, wie er will. Ich behaupte, daß du eine gewaltige Menge Gold, Silber, Elfenbein und Purpur, sehr viel melitisches Tuch,[219] sehr viele Teppiche, viel delisches Hausgerät, sehr viele korinthische Gefäße,[220] eine große Menge Getreide und eine gewaltige Masse Honig aus Syrakus ausgeführt hast, daß L. Canuleius, der im Hafen Dienst tat, der Gesellschaft schriftlich Bericht erstattete mit dem Hinweis, daß für die Waren kein Hafenzoll gezahlt worden sei. (177) Erscheint dieser Vorwurf als schwer genug? Es gibt, meine ich, keinen schwereren. Wie wird Hortensius die Verteidigung dagegen füh-

lei proferam? crimen eius modi nisi litteris confirmetur inane esse dicet? Clamabo litteras remotas esse de medio, decreto sociorum erepta mihi esse istius indicia ac monumenta furtorum. Aut hoc contendat numquam esse factum, aut omnia tela excipiat necesse est. Negas esse factum? Placet ista mihi defensio, descendo; aequa enim contentio, aequum certamen proponitur. Producam testis, et producam pluris eodem tempore; quoniam tum cum actum est una fuerunt, nunc quoque una sint; cum interrogabuntur, obligentur non solum iuris iurandi atque existimationis periculo, sed etiam communi inter se conscientia. (178) Si planum fit hoc ita quem ad modum dico esse factum, num poteris dicere, Hortensi, nihil in istis fuisse litteris quod Verrem laederet? Non modo id non dices, sed ne illud quidem tibi dicere licebit, tantum quantum ego dicam non fuisse. Ergo hoc vestro consilio et gratia perfecistis, ut, quem ad modum paulo ante dixi, et mihi summa facultas ad accusandum daretur, et iudici libera potestas ad credendum.

73 (179) Quod cum ita sit, nihil fingam tamen. Meminero me non sumpsisse quem accusarem, sed recepisse quos defenderem; vos ex me causam non a me prolatam, sed ad me delatam audire oportere; me Siculis satis esse facturum si quae cognovi in Sicilia, quae accepi ab ipsis, diligenter exposuero, populo Romano si nullius vim, nullius potentiam pertimuero, vobis si facultatem vere atque honeste iudicandi fide et diligentia

ren? Wird er verlangen, ich solle die Schreiben des Canuleius vorlegen, wird er erklären, ein solcher Vorwurf sei nichtig, wenn er nicht durch Schriftstücke erhärtet werde? Ich werde dann laut verkünden, die Briefe seien doch beseitigt worden, der Beschluß der Steuerpächter habe mir die Beweise und schriftlichen Unterlagen für die Steuerhinterziehungen des Verres entrissen. Entweder muß er behaupten, das sei niemals geschehen, oder alle Geschosse auf sich ziehen. Du bestreitest, daß es geschehen sei? Mir gefällt diese Verteidigung, ich steige in die Arena. Denn ein gleicher Kampf, ein Wettstreit unter gleichen Bedingungen wird mir vorgeschlagen. Ich werde Zeugen vorführen und werde mehrere zur gleichen Zeit vorführen; da sie damals, als die Sache geschah, zusammen waren, sollen sie auch jetzt zusammen sein; wenn sie gefragt werden, dann soll sie nicht nur die Gefahr des Meineides und die Gefährdung ihres Rufes, sondern auch die gemeinsame Mitwisserschaft miteinander verbinden. (178) Wenn nun deutlich wird, daß dies so, wie ich sage, geschehen ist, wirst du dann noch behaupten können, Hortensius, daß in diesen Schriftstücken nichts gestanden habe, was Verres schaden könnte? Nicht nur das wirst du nicht behaupten, sondern nicht einmal *die* Behauptung wird dir erlaubt sein, so viel, wie ich vorbringe, habe nicht daringestanden. Ihr habt mit eurem Beschluß und eurer Gefälligkeit nur erreicht, daß, wie ich kurz zuvor sagte, mir völlig freie Hand zum Anklagen gegeben wurde und den Richtern eine unbeschränkte Berechtigung, der Anklage zu glauben.

73 (179) Obwohl dies so ist, werde ich doch nichts erfinden. Ich will daran denken, daß ich mir nicht jemanden ausgesucht habe, ihn anzuklagen, sondern es übernahm, bestimmte Leute zu verteidigen, daß ihr nicht eine von mir angestrengte, sondern eine mir übertragene Sache anhören müßt, daß ich die Sizilier zufriedenstelle, wenn ich sorgfältig darlege, was ich in Sizilien erfahren, was ich von ihnen selbst gehört habe, und das römische Volk, wenn ich mir durch keinen Druck und keine Macht Angst einjagen lasse, sowie euch, wenn ich euch durch meine Pflichttreue und Gewissenhaftigkeit die

mea fecero, mihimet si ne minimum quidem ne meo curriculo vitae, quod mihi semper propositum fuit, decessero. (180) Quapropter nihil est quod metuas ne quid in te confingam: etiam quod laetere habes. Multa enim quae scio a te esse commissa, quod aut nimium turpia aut parum credibilia sunt, praetermittam. Tantum agam de hoc toto nomine societatis. Ut iam scire possis, quaeram decretumne sit. Cum id invenero, quaeram remotaene sint litterae. Cum id quoque constabit, vos iam hoc me tacito intellegetis: si illi qui hoc istius causa decreverunt equites Romani nunc idem in eum iudices essent, istum sine dubio condemnarent, de quo litteras eas quae istius furta indicarent et ad se missas et suo decreto remotas scirent esse. Quem igitur ab iis equitibus Romanis, qui istius causa cupiunt omnia, qui ab eo benignissime tractati sunt, condemnari necesse esset, is a vobis, iudices, ulla via aut ratione absolvi potest?

(181) Ac ne forte ea, quae remota de medio atque erepta nobis sunt, omnia ita condita fuisse atque ita abdita latuisse videantur ut haec diligentia, quam ego a me exspectari maxime puto, nihil eorum investigare, nihil adsequi potuerit, – quae consilio aliquo aut ratione inveniri potuerunt inventa sunt, iudices: manifestis in rebus hominem iam teneri videbitis. Nam quod in publicanorum causis vel plurimum aetatis meae versor vehementerque illum ordinem observo, satis commode mihi videor eorum consuetudinem usu tractandoque cognosse.

Möglichkeit verschaffe, ein richtiges und anständiges Urteil zu fällen, und mich selbst, wenn ich nicht einmal auch nur den geringsten Schritt von meiner Lebensbahn abweiche, die mir immer vorgeschwebt hat.[221] (180) Deshalb besteht kein Grund für dich zu befürchten, daß ich etwas gegen dich erfinde; ja, du hast sogar Grund, dich zu freuen. Denn viele Vergehen, die du, wie ich weiß, begangen hast, werde ich unerwähnt lassen, weil sie entweder allzu schändlich oder zu unglaublich sind. Ich werde das, was die Pachtgesellschaft betrifft, nur im ganzen behandeln. Um dich nicht lange im unklaren zu lassen: ich werde untersuchen, ob der Beschluß gefaßt worden ist. Wenn ich das ausfindig gemacht habe, werde ich untersuchen, ob Schriftstücke beseitigt worden sind. Wenn auch das feststeht, dann werdet ihr, ohne daß ich noch ein Wort sage, folgendes einsehen: wenn jene römischen Ritter, die zugunsten des Verres den betreffenden Beschluß gefaßt haben, jetzt über ihn als Richter säßen, dann würden sie ihn ohne Zweifel verurteilen, von dem sie ja wüßten, daß Schreiben, die seine Unterschlagungen anzeigten, an sie geschickt und auf ihren Beschluß beseitigt worden seien. Er müßte also von den römischen Rittern verurteilt werden, die ihm in jeder Hinsicht gewogen, die von ihm äußerst freundlich behandelt worden sind – kann er da von euch, ihr Richter, auf irgendeine Art und Weise freigesprochen werden?

(181) Und man soll nicht etwa glauben, alles, was man beseitigt und uns entzogen hat, sei so verborgen gewesen und so versteckt und unbekannt geblieben, daß die Umsicht, die man, wie ich glaube, besonders von mir erwartet, nichts davon hätte aufspüren, an nichts hätte kommen können; was sich mit einiger Überlegung und Berechnung finden ließ, das ist gefunden, ihr Richter; ihr sollt sehen, daß wir den Mann jetzt mit handgreiflichen Tatsachen zu fassen bekommen. Denn weil ich mich wohl die meiste Zeit meines Lebens mit den Angelegenheiten der Steuerpächter beschäftige und diesen Stand aufmerksam beobachte, glaube ich durch Erfahrung und Umgang ziemlich gut ihre übliche Verfahrensweise

74 (182) Itaque ut hoc comperi, remotas esse litteras societatis, habui rationem eorum annorum per quos iste in Sicilia fuisset; dein quaesivi, quod erat inventu facillimum, qui per eos annos magistri illius societatis fuissent, apud quos tabulae fuissent. Sciebam enim hanc magistrorum qui tabulas haberent consuetudinem esse, ut, cum tabulas novo magistro traderent, exempla litterarum ipsi habere non nollent. Itaque ad L. Vibium, equitem Romanum, virum primarium, quem reperiebam magistrum fuisse eo ipso anno qui mihi maxime quaerendus erat, primum veni. Sane homini praeter opinionem improviso incidi. Scrutatus sum quae potui et quaesivi omnia: inveni duos solos libellos a L. Canuleio missos sociis ex portu Syracusis, in quibus erat scripta ratio mensuum complurium rerum exportatarum istius nomine sine portorio: itaque obsignavi statim. (183) Non erant haec ex eodem genere quod ego maxime genus ex sociorum litteris reperire cupiebam; verum tantum inveni, iudices, quod apud vos quasi exempli causa proferre possem. Sed tamen quicquid erit in his libellis, quantulumcumque videbitur esse, hoc quidem certe manifestum erit: de ceteris ex hoc coniecturam facere debebitis. Recita mihi, quaeso, hunc primum libellum, deinde illum alterum. LIBELLI CANULEIANI.

Non quaero unde CCCC amphoras mellis habueris, unde tantum Melitensium, unde L tricliniorum lectos, unde tot candelabra; non, inquam, iam quaero unde haec habueris, sed quo tantum tibi opus fuerit, id quaero. Omitto de melle, sed tantumne Melitensium, quasi etiam amicorum uxores, tan-

zu kennen. **74** (182) Sobald ich also erfuhr, man habe Schriftstücke der Pachtgesellschaft beseitigt, richtete ich meine Aufmerksamkeit auf die Jahre, während deren Verres in Sizilien gewesen war; dann forschte ich nach, was festzustellen sehr leicht war, welche Männer während dieser Jahre Vorsteher der Pachtgesellschaft gewesen seien, bei denen sich die Rechnungsbücher befunden hatten. Ich wußte nämlich, daß die Vorsteher, die die Bücher führten, gewöhnlich selbst gern eine Abschrift der Schriftstücke haben wollten, wenn sie die Bücher dem neuen Vorsteher übergaben. Ich suchte daher zuerst L. Vibius auf, einen angesehenen römischen Ritter, der, wie ich herausfand, genau in dem Jahre Vorsteher gewesen war, das ich vor allen Dingen überprüfen mußte. Und wahrhaftig, ich überrumpelte den Mann wider sein Erwarten und ganz unvermutet. Ich durchsuchte, was ich konnte, und prüfte alles. Ich fand nur zwei Schreiben, die Canuleius an die Gesellschaft aus dem Hafen von Syrakus geschickt hatte; sie enthielten eine mehrmonatige Zusammenstellung von Waren, die im Namen des Verres ohne Hafenzoll ausgeführt worden waren. Ich versiegelte sie daher unverzüglich. (183) Sie waren aber nun nicht von der Art, wie ich sie in erster Linie in den Aufzeichnungen der Gesellschaft zu finden wünschte,[222] allein, ich habe doch so viel gefunden, ihr Richter, daß ich es euch gleichsam als Beispiel vortragen kann; aber was auch immer in diesen Schreiben steht, wie unbedeutend auch immer es aussehen mag, so ist doch wenigstens dies mit Händen zu greifen; was das übrige betrifft, so müßt ihr hieraus eure Schlüsse ziehen. Lies mir bitte zuerst dieses Schreiben vor und dann das zweite. – (Die Schreiben des Canuleius.) –

Nicht frage ich jetzt, woher du vierhundert Amphoren[223] Honig hast, woher so viel melitisches Tuch, woher fünfzig Speisezimmersofas, woher so viele Leuchter; nicht frage ich jetzt, wiederhole ich, woher du das hast, sondern wozu du so viele Dinge brauchst, das frage ich. Von dem Honig will ich nicht sprechen, doch warum so viel melitisches Tuch, als ob du auch die Frauen deiner Freunde, und warum so viele

tum lectorum, quasi omnium istorum villas ornaturus esses?

75 (184) Et cum haec paucorum mensuum ratio in his libellis sit, facite ut vobis trienni totius veniat in mentem. Sic contendo, ex his parvis libellis apud unum magistrum societatis repertis vos iam coniectura adsequi posse cuius modi praedo iste in illa provincia fuerit, quam multas cupiditates, quam varias, quam infinitas habuerit, quantam pecuniam non solum numeratam, verum etiam in huiusce modi rebus positam confecerit; quae vobis alio loco planius explicabuntur. (185) Nunc hoc attendite. His exportationibus quae recitatae sunt scribit HS $\overline{\mathrm{LX}}$ socios perdidisse ex vicensima portori Syracusis. Pauculis igitur mensibus, ut hi pusilli et contempti libelli indicant, furta praetoris, quae essent HS $\overline{\infty\mathrm{CC}}$, ex uno oppido solo exportata sunt. Cogitate nunc, – cum illa Sicilia sit, hoc est insula quae undique exitus maritimos habeat, – quid ex ceteris locis exportatum putetis, quid Agrigento, quid Lilybaeo, quid Panhormo, quid Thermis, quid Halaesa, quid Catina, quid ex ceteris oppidis, quid vero Messana, quem iste sibi locum maxime tutum esse arbitrabatur, ubi animo semper soluto liberoque erat, quod sibi iste Mamertinos delegerat ad quos omnia quae aut diligentius servanda aut occultius exportanda erant deportaret. His inventis libellis ceteri remoti et diligentius sunt reconditi; nos tamen, ut omnes intellegant hoc nos sine cupiditate agere, his ipsis libellis contenti sumus.

76 (186) Nunc ad sociorum tabulas accepti et expensi, quas removere honeste nullo modo potuerunt, et ad amicum tuum

Sofas, als ob du ihrer aller Landhäuser ausstatten wolltest?
75 (184) Und da diese Schreiben nur die Zusammenstellung von wenigen Monaten enthalten, so müßt ihr den ganzen Zeitraum von drei Jahren in Rechnung stellen. Denn ich behaupte nachdrücklich: aus diesen knappen Schreiben, die sich bei einem einzigen Vorsteher einer Pachtgesellschaft gefunden haben, könnt ihr schon erschließen, was für ein Räuber dieser Verres in der Provinz gewesen ist, wie viele, wie verschiedene, wie grenzenlose Leidenschaften er gehabt, wie viel Geld, nicht nur in bar, sondern auch in derartigen Dingen angelegt, er zusammengebracht hat. Das werde ich euch an anderer Stelle deutlicher darlegen. (185) Gebt jetzt auf folgendes acht. Durch die Ausfuhren, die ich verlesen ließ, hätte, so schreibt Canuleius, die Gesellschaft 60000 Sesterzen vom fünfprozentigen syrakusanischen Hafenzoll verloren. Folglich sind in ganz wenigen Monaten, wie diese winzigen und verachteten Verzeichnisse verraten, vom Prätor gestohlene Güter im Werte von 1200000 Sesterzen allein aus einer einzigen Stadt ausgeführt worden. Bedenkt jetzt, da es ja Sizilien ist, das heißt eine Insel, die auf allen Seiten Zugänge zum Meer hat, was wohl aus den übrigen Hafenplätzen ausgeführt worden ist, aus Agrigent, aus Lilybaeum, aus Panormos, aus Thermai, aus Halaesa, aus Catina, aus den übrigen Städten, besonders aus Messana, das er als den für ihn sichersten Platz betrachtete, wo er sich immer sorglos und ungehindert fühlte; hatte er sich doch die Mamertiner dazu ausgewählt, alles zu ihnen zu schaffen, was entweder sorgfältiger gehütet oder mehr oder minder heimlich ausgeführt werden mußte.[224] Nachdem ich diese Verzeichnisse entdeckt hatte, wurden die übrigen beseitigt und sorgfältiger versteckt; wir geben uns indessen schon mit diesen Verzeichnissen zufrieden, so daß alle erkennen können, wie leidenschaftslos wir diese Angelegenheit behandeln.
76 (186) Jetzt wollen wir auf die von der Gesellschaft über die Einnahmen und Ausgaben geführten Rechnungsbücher, die man keineswegs auf anständige Weise beseitigen konnte, und

Carpinatium revertemur. Inspiciebamus Syracusis a Carpinatio confectas tabulas societatis, quae significabant multis nominibus eos homines versuram a Carpinatio fecisse qui pecunias Verri dedissent; quod erit vobis luce clarius, iudices, tum cum eos ipsos produxero qui dederunt; intellegetis enim illa tempora per quae, cum essent in periculo, pretio sese redemerunt cum societatis tabulis non solum consulibus verum etiam mensibus convenire. (187) Cum haec maxime cognosceremus et in manibus tabulas haberemus, repente aspicimus lituras eius modi quasi quaedam vulnera tabularum recentia. Statim suspicione offensi ad ea ipsa nomina oculos animumque transtulimus. Erant acceptae pecuniae C. VERRUCIO C. F., sic tamen ut usque ad alterum R litterae constarent integrae, reliquae omnes essent in litura; alterum, tertium, quartum, permulta erant eiusdem modi nomina. Cum manifesto res flagitiosa litura tabularum atque insignis turpitudo teneretur, quaerere incipimus de Carpinatio quisnam is esset Verrucius quicum tantae pecuniae rationem haberet. Haerere homo, versari, rubere. Quod lege excipiuntur tabulae publicanorum quo minus Romam deportentur, ut res quam maxime clara et testata esse posset, in ius ad Metellum Carpinatium voco tabulasque societatis in forum defero. Fit maximus concursus hominum, et, quod erat Carpinati nota cum isto praetore societas ac faeneratio, summe exspectabant omnes quidnam in tabulis teneretur. 77 (188) Rem ad Metellum defero, me tabulas perspexisse sociorum; in his

auf deinen Freund Carpinatius zurückkommen. Ich habe in Syrakus die von Carpinatius geführten Bücher der Gesellschaft eingesehen; viele Posten in ihnen verrieten deutlich, daß Leute, die dem Verres Geld zahlten, bei Carpinatius eine Anleihe aufgenommen hatten. Das wird euch dann sonnenklar sein, ihr Richter, wenn ich euch die Leute persönlich vorführe, die das Geld zahlten. Ihr werdet euch nämlich davon überzeugen können, daß die Zeit, in der sie sich, da sie in Gefahr waren, durch Bestechung loskauften, mit den Büchern der Gesellschaft nicht nur dem Konsulatsjahr, sondern auch den Monaten nach übereinstimmt. (187) Als ich dies genau prüfte und die Bücher in Händen hielt, erblicke ich plötzlich verbesserte Stellen, die gewissermaßen wie frische Wunden der Bücher aussahen. Das erregte sofort meinen Verdacht, und ich lenkte Augen und Aufmerksamkeit auf eben diese Posten. Es waren Beträge gutgeschrieben für einen C. Verrucius, den Sohn des Gaius[225], jedoch so, daß bis zum zweiten »r« die Buchstaben unversehrt waren, die übrigen aber alle an einer Stelle standen, wo gestrichen worden war; da waren noch ein zweiter, dritter, vierter, eine ganze Anzahl ähnlicher Posten. Da durch die schandbare Verbesserung der Bücher Licht auf die Angelegenheit fiel und eine beispiellose Schändlichkeit sich mit Händen greifen ließ, begann ich Carpinatius zu fragen, wer denn dieser Verrucius sei, mit dem er so viele Geldgeschäfte mache. Der Mann stockte, wand sich, wurde rot. Die Bücher der Steuerpächter fallen unter eine gesetzliche Ausnahmebestimmung: sie dürfen nicht nach Rom geschafft werden; daher lade ich, um die Sache möglichst klar durch Zeugenaussagen erklären zu lassen, den Carpinatius vor das Gericht des Metellus und bringe die Bücher der Gesellschaft mit auf den Marktplatz. Es entsteht ein gewaltiger Menschenauflauf, und weil die Verbindung des Carpinatius mit dem Prätor Verres und seine Wuchergeschäfte bekannt waren, waren alle aufs höchste gespannt, was wohl in den Büchern enthalten sei. 77 (188) Ich trage dem Metellus die Sache vor: ich hätte die Bücher der Pachtgesellschaft durchgesehen; diese Bücher wiesen in sehr vielen

tabulis magnam rationem C. Verruci permultis nominibus esse, meque hoc perspicere ex consulum mensuumque ratione, hunc Verrucium neque ante adventum C. Verris neque post decessionem quicquam cum Carpinatio rationis habuisse; postulo ut mihi respondeat qui sit is Verrucius, mercator an negotiator an arator an pecuarius, in Sicilia sit an iam decesserit. Clamare omnes ex conventu neminem umquam in Sicilia fuisse Verrucium. Ego instare ut mihi responderet quis esset, ubi esset, unde esset; cur servus societatis qui tabulas conficeret semper in Verruci nomine certo ex loco mendosus esset. (189) Atque haec postulabam, non quo illum cogi putarem oportere ut ad ea mihi responderet invitus, sed ut omnibus istius furta, illius flagitium, utriusque audacia perspicua esse posset. Itaque illum in iure metu conscientiaque peccati mutum atque exanimatum ac vix vivum relinquo, tabulas in foro summa hominum frequentia exscribo; adhibentur in scribendo ex conventu viri primarii, litterae lituraeque omnes adsimulatae et expressae de tabulis in libros transferuntur. (190) Haec omnia summa cura et diligentia recognita et collata et ab hominibus honestissimis obsignata sunt. Si Carpinatius mihi tum respondere noluit, responde tu mihi nunc, Verres, quem esse hunc tuum paene gentilem Verrucium putes. Fieri non potest ut, quem video te praetore in Sicilia fuisse et quem ex ipsa ratione intellego locupletem fuisse, eum tu in tua provincia non cognoveris. Atque adeo, ne hoc aut longius aut obscurius esse possit, procedite in medium atque explicate descriptionem imaginemque tabularum, ut omnes mortales istius avaritiae non

Posten ein großes Guthaben eines C. Verrucius auf; aus dem Vergleich der Konsulatsjahre und Monate ersähe ich deutlich, daß dieser Verrucius weder vor der Ankunft des C. Verres noch nach seiner Abreise irgendeine Geschäftsverbindung zu Carpinatius gehabt habe. Ich verlange, Carpinatius solle mir Auskunft geben, wer dieser Verrucius sei, ob ein Kaufmann oder Großhändler, ob ein Landwirt oder Viehzüchter, ob er in Sizilien lebe oder schon weggezogen sei. Die ganze Menge schrie, es habe niemals in Sizilien einen Verrucius gegeben. Ich drängte ihn, er solle mir antworten, wer das sei, wo er und woher er sei; warum sich der Sklave der Gesellschaft, der die Bücher führte, immer bei dem Namen Verrucius von einer bestimmten Stelle an verschrieben habe. (189) Und dies verlangte ich nicht, weil ich der Meinung gewesen wäre, man müsse ihn zwingen, mir auf meine Fragen auch gegen seinen Willen zu antworten, sondern damit alle die Diebstähle des Verres, das schändliche Verhalten des Carpinatius und die Frechheit beider durchschauen könnten. Und so lasse ich denn den Mann stumm und wie betäubt und halb tot vor Angst und im Bewußtsein seines Vergehens im Gericht zurück; auf dem Marktplatz, in Gegenwart einer großen Menschenmenge, fertige ich mir eine Abschrift der Bücher an; hierbei helfen angesehene Männer aus dem Bezirk mit;[226] man macht alle Buchstaben und Streichungen genau und deutlich nach und überträgt sie so aus den Büchern in meine Abschriften. (190) Dies alles wurde mit größter Sorgfalt und Gewissenhaftigkeit geprüft und verglichen und von hochangesehenen Männern versiegelt. Wenn Carpinatius mir damals nicht antworten wollte, so antworte du mir jetzt, Verres, wer deiner Meinung nach dieser Verrucius ist, der fast zu deiner Sippe gehört. Es kann nicht sein, daß du jemanden in deiner Provinz nicht kennst, der, wie ich sehe, in Sizilien lebte, als du dort Prätor warst, und der, wie ich allein schon dem Rechnungsbuch entnehme, reich war. Oder besser, damit diese Sache nicht zu ausführlich wird oder zu lange dunkel bleibt, tretet vor und entrollt die genau nachgebildete Abschrift der Rechnungsbücher, damit alle Menschen von deiner Habsucht

iam vestigia sed ipsa cubilia videre possint. Liber explicetur. **78** (191) Videtis Verrucium? videtis primas litteras integras? videtis extremam partem nominis, codam illam Verrinam tamquam in luto demersam esse in litura? Sic habent se tabulae, iudices, ut videtis. Quid exspectatis, quid quaeritis amplius? Tu ipse, Verres, quid sedes, quid moraris? Nam aut exhibeas nobis Verrucium necesse est aut te Verrucium esse fateare.

Laudantur oratores veteres, Crassi illi et Antonii, quod crimina diluere dilucide, quod copiose reorum causas defendere solerent: nimirum illi non ingenio solum his patronis, sed fortuna etiam praestiterunt. Nemo enim tum ita peccabat ut defensioni locum non relinqueret; nemo ita vivebat ut nulla eius vitae pars summae turpitudinis esset expers; nemo ita in manifesto peccato tenebatur ut, cum impudens fuisset in facto, tum impudentior videretur si negaret. (192) Nunc vero quid faciat Hortensius? avaritiaene crimina frugalitatis laudibus deprecetur? At hominem flagitiosissimum libidinosissimum nequissimumque defendit. An ab hac eius infamia nequitia vestros animos in aliam partem fortitudinis commemoratione traducat? At homo inertior, ignavior, magis vir inter mulieres, impura inter viros muliercula proferri non potest. At mores commodi. Quis contumacior, quis inhumanior, quis superbior? At haec sine cuiusquam malo. Quis acerbior, quis insidiosior, quis crudelior umquam fuit? In hoc homine atque in eius modi causa quid facerent omnes Crassi et Antonii? Tantum, opinor, Hortensi: ad causam non accederent neque in alterius impudentia sui pudoris existimatio-

nicht nur die Spuren, sondern sogar die Brutstätte sehen können. Man entrolle die Schrift. **78** (191) Seht ihr den Namen Verrucius? Seht ihr, daß die ersten Buchstaben unversehrt sind? Seht ihr, wie der letzte Teil des Namens, der Schweif des Verres,[227] in der durchgestrichenen Stelle wie im Schlamm versunken ist? So verhält es sich mit den Büchern, ihr Richter, wie ihr seht. Was erwartet ihr noch mehr? Du selbst, Verres, was sitzt du da, was zögerst du? Denn entweder mußt du uns Verrucius herbeischaffen oder zugeben, daß du Verrucius bist.

Man lobt die Redner früherer Zeiten, Männer wie Crassus und Antonius,[228] weil sie die Beschuldigungen klar zu entkräften, weil sie die Sache der Angeklagten gedankenreich zu verteidigen pflegten. Freilich übertrafen sie die heutigen Anwälte nicht nur an Begabung, sondern auch infolge der glücklichen Zeitverhältnisse. Denn damals verging sich niemand derart, daß kein Teil seines Lebens mehr frei von der größten Schande war; niemand wurde bei einem derart handgreiflichen Vergehen ertappt, daß er, wenn er schon bei der Tat unverschämt gewesen war, noch unverschämter durch Leugnen erschienen wäre. (192) Doch was soll jetzt Hortensius tun? Soll er den Vorwurf der Habgier durch das Lob der Genügsamkeit abwenden? Indes, er verteidigt den schandbarsten, ausschweifendsten und nichtsnutzigsten Menschen. Oder soll er eure Aufmerksamkeit von seinem schlechten Ruf und seiner Nichtsnutzigkeit anderswohin lenken, indem er an seine Tapferkeit erinnert? Indes, ein trägerer und feigerer Mensch, jemand, der mehr Mann unter Weibern und mehr lasterhaftes Weibsbild unter Männern wäre, läßt sich nicht auftreiben. Doch sein Benehmen ist zuvorkommend. Wer wäre starrköpfiger, wer unfreundlicher, wer hochmütiger? Doch das bringt niemandem Schaden. Wer war jemals boshafter, wer hinterhältiger, wer grausamer? Was könnten bei diesem Menschen und in einer solchen Sache alle Crassus und Antonius tun? Nur das, glaube ich, Hortensius: sie würden die Sache gar nicht übernehmen und nicht durch die Unredlichkeit eines anderen den Ruf ihrer eigenen Redlichkeit

nem amitterent. Liberi enim ad causas solutique veniebant, neque committebant ut, si impudentes in defendendo esse noluissent, ingrati in deserendo existimarentur.

gefährden. Denn frei und ungebunden traten sie an die Prozesse heran und ließen es nicht dahin kommen, daß sie, wenn sie bei der Übernahme von Verteidigungen nicht schamlos sein wollten, wegen der Aufgabe einer Sache für undankbar galten.[229]

Anmerkungen

Alle im folgenden genannten Jahreszahlen gelten v. Chr.
Stellenverweise ohne Werkangabe beziehen sich auf die *Reden gegen Verres*. Dabei bezeichnet z. B. 1,1: Erste Rede, § 1, dagegen 2,1,1: Zweite Rede, erstes Buch, § 1. Die im Übersetzungstext halbfett gedruckte Kapitelzählung findet bei Zitaten keine Verwendung.

1 Die Übersetzung von *iudices* mit »Richter« kann im Deutschen leicht falsche Assoziationen hervorrufen. Es handelt sich hier nicht um Berufs-, sondern um Laienrichter, die vom Prätor aus einer Liste (*decuria* »Abteilung«) vorgeschlagen und von den Parteien gebilligt wurden. Diese Laienrichter waren seit Sullas Reform Senatoren.

2 Des Senatorenstandes: Vgl. z. B. die *Rede gegen Caecilius* 8 f.; 1,2,36.43.49; 2,1,4 f.19; 2,2,117.

3 Übertrieben: Im 2. Punischen Krieg traten mehrere sizilische Städte auf die Seite Karthagos, nach dem Tode Hierons (215) auch Syrakus, das doch wohl zu den *maxime illustres civitates* gehörte.

4 Der jüngere Scipio, der 146 Karthago eroberte und zerstörte. Vgl. 2,1,11; 2,2,86 f.; 2,4,72 ff.

5 M. Claudius Marcellus eroberte 212 Syrakus. Vgl. 2,4,115 ff.

6 M. Porcius Cato, der berühmte Zensor (Konsul 195).

7 Während des Bundesgenossenkrieges (91–88), der die Existenz Roms gefährdete.

8 Der hier fast sagenhaft genannte (*illo*!) frühere Staatsschatz, in den durch die Eroberungszüge im Osten riesige Geldsummen geflossen waren, war im Bundesgenossenkrieg erschöpft; daher mußte Sizilien aushelfen.

9 Der bildliche Ausdruck ist von der Sitte genommen, zum Schutz an den Altar zu flüchten.

10 Das schlimme Jahr 80, in dem M. Aemilius Lepidus Statthalter war.

11 C. Claudius Marcellus war der Nachfolger des Lepidus; er war Mitglied der gegen Verres eingesetzten Geschworenenkammer.

12 Das erste Mal durch den berühmten Marcellus, den Eroberer von Syrakus.

13 M. Antonius Creticus (Prätor 74), der Sohn des Redners und Vater des Triumvirn, hatte, wie 67 Pompeius, ein außerordent-

liches Kommando zur Bekämpfung der Seeräuber erhalten (74–71). Seine Vollmachten erstreckten sich auf alle Küsten. Vgl. die *Rede gegen Caecilius* 55 und 2,3,213.

14 Vgl. 2,3,46ff.119ff.

15 Bei den Marcellern. Vgl. die *Rede gegen Caecilius* 2.13.

16 Vgl. 2,2,103.146ff.156.

17 Vgl. die *Rede gegen Caecilius* 1ff.

18 Der Statthalter von Sizilien hatte zwei Quästoren; der eine residierte in Syrakus, der andere in Lilybaeum (an der Westküste der Insel).

19 Die Rutenbündel (*fasces*), in denen Beile steckten, waren die Symbole staatlicher Strafgewalt; sie wurden den römischen Beamten von den Liktoren vorangetragen. Jeder Provinzquästor hatte zwei Liktoren.

20 Den L. Caecilius Metellus, den Nachfolger als Statthalter in Sizilien.

21 Vgl. 2,2,64f.139.156; 2,3,122.

22 Die Mamertiner (»Söhne des Mars«) waren aus Kampanien stammende Söldner des syrakusanischen Tyrannen Agathokles. Sie hatten sich nach dessen Tode im Jahre 288 der Stadt Messana (heute Messina) bemächtigt. Vgl. zum folgenden 2,2,114; 2,4,15ff.150; 2,5,43ff.

23 Sc. um eine günstige Aussage für Verres zu machen.

24 Vgl. 2,4,136ff.

25 Verres mußte damals damit rechnen, daß seine Statthalterschaft, wie üblich, nur ein Jahr dauern werde. Er konnte nicht ahnen, daß besondere Umstände ihm eine dreijährige Statthalterschaft einbringen würden.

26 Verres »der Auskehrer«; denn *verres* (von *verrere*) kann im Lateinischen auch »du wirst ausfegen« heißen.

27 Vgl. 2,1,34ff.

28 Vgl. 2,1,44ff.

29 Das bezieht sich auf den Kastortempel, dessen Beaufsichtigung Verres zu seiner Bereicherung mißbrauchte. Vgl. 2,1,129ff.

30 Zu dieser Einteilung in vier Abschnitte vgl. 2,1,34.

31 Sc. von Personen, die Verres geeignet erschienen, sich an ihrem Geld zu bereichern.

32 Stadt an der Nordküste Siziliens, in der Nähe des heutigen Tusa.

33 Des Mannes, der durch die Unterstützung des Verres im Jahre 69 Konsul geworden war. Der vollständige Name des Dio lautete nun Q. Caecilius Dio. Vgl. 2,2,23.

34 Vgl. 2,1,104ff.
35 Vgl. 2,1,125ff.
36 Er war als Stadtprätor (75) und als Statthalter von Sizilien (74) der Vorgänger des Verres.
37 An der heutigen Straße von Messina.
38 Auf dem Berge Eryx (im äußersten Nordwesten der Insel) befand sich ein Heiligtum der Venus. Es war üblich, Legate zugunsten eines Heiligtums durch eine Strafbestimmung abzusichern. Vgl. 2,2,25.
39 Dio zahlte Verres eine Million Sesterzen, um die Freigabe der Erbschaft zu erreichen. Vgl. 2,1,28.
40 Nicht identisch mit L. Caecilius Metellus, dem Nachfolger des Verres als Statthalter von Sizilien.
41 M. Terentius Varro Lucullus war 73 Konsul und 72/71 Statthalter von Makedonien.
42 Die Verteidiger des Angeklagten konnten nicht zur Zeugenaussage gezwungen werden.
43 Stadt im Innern Siziliens, ungefähr 25 km nordöstlich von Henna (heute Agira).
44 Dienstgrade des Gefolges, das den römischen Statthalter in die Provinz begleitete. Die Präfektur war ein Offiziersrang unterhalb des Legaten, des Stellvertreters des Statthalters. Sie wurde gewöhnlich von Rittern bekleidet. Die Schreiber kamen aus dem bürgerlichen Mittelstand. Die übrigen Ämter wurden von kleinen Leuten oder Freigelassenen versehen.
45 Spiel mit der doppelten Bedeutung von *cohors* und *manus*: *cohors* bedeutet sowohl eine militärische Einheit (1 Legion = 10 Kohorten) als auch das Gefolge des Statthalters (*cohors praetoria*); *manus* »Hand« und »bewaffnete Mannschaft«. Bei den Kohorten entlaufener Sklaven denkt Cicero vor allem an den zweiten Aufstand in Sizilien (104–101) unter Athenion. Vgl. 2,2,136; 2,3,66.125.
46 Q. Mucius Scaevola (Pontifex Maximus; Konsul 95), der bedeutendste Rechtslehrer seiner Zeit, erwarb sich als Statthalter der Provinz Asien (97) durch seine gerechte und vorzügliche Amtsführung großen Ruhm. Vgl. die *Rede gegen Caecilius* 57.
47 Wohl der jüngere Scipio, der Zerstörer Karthagos.
48 Vgl. 2,3,185.
49 Sowohl der vor dem Prätor in Rom als auch der vor einem Provinzstatthalter anhängige Prozeß ist zweiteilig. Die eigentliche Gerichtsbehörde, der Stadtprätor oder ein Provinzstatthalter, war nur für den ersten Teil des Prozesses, das Verfahren »vor

Gericht« (*in iure*) zuständig. Hier konnte jeder, der sich in seinem Recht verletzt fühlte, Klage erheben. Der Prätor hörte Kläger und Beklagten an. Hielt er einen Prozeß für angebracht, setzte er ohne Prüfung der Tatsachen die Prozeßformel fest. Diese lautete etwa: »X soll Richter sein. Wenn sich erweist, daß A dem B 10000 Sesterzen schuldet, dann verurteile A zu 10000 Sesterzen. Wenn es sich nicht erweist, dann sprich ihn frei« (Zu den Formen des Formularprozesses vgl. Gaius, *Institutiones* IV,34ff.). Hatten sich beide Parteien auf die Prozeßformel geeinigt, ließ der Prätor die Klage zu (*iudicium dat*). Der zweite Teil des Prozesses, das Verfahren »vor dem Richter« (*apud iudicem*) diente der Beweisaufnahme. Dabei hatte sich der Richter an die Prozeßformel zu halten und nur den Tatbestand festzustellen, z. B. ob A wirklich dem B 10000 Sesterzen schuldet.

50 In der Mark von Capena, einer Stadt Südetruriens, gelegen.

51 Quiritisches Recht (*ius Quiritium*) ist ein altertümlich-feierliches Synonym für römisches Recht (*ius Romanum*). *Quirites* war eine alte Bezeichnung für die römischen Vollbürger.

52 Cicero konstruiert ein Beispiel, bei dem er die Formel für die Klage auf Herausgabe einer Sache verwendet. Der Nachsatz fehlt, läßt sich aber leicht ergänzen: ». . . dann soll er (d. h. der Richter L. Octavius) den P. Servilius zugunsten des Q. Catulus zur Herausgabe des Grundstückes oder zu dem Betrag verurteilen, den das Grundstück wert ist, andernfalls aber soll er ihn freisprechen.« Die Ungerechtigkeit des Verres liegt darin, daß nicht dem Eigentümer P. Servilius, sondern dem Nichteigentümer Q. Catulus das Grundstück bzw. dessen Schätzwert zugesprochen werden soll.
Bei der Konstruktion seines Beispiels verwendet Cicero die Namen von Männern, die Mitglieder der Geschworenenkammer waren, die über Verres zu Gericht saß: L. Octavius Balbus, P. Servilius Vatia Isauricus (Konsul 79) und Q. Lutatius Catulus (Konsul 78).

53 Weitere Beispiele für die Unrechtsjustiz des Verres: A hat B 1000 Sesterzen geliehen. B erklärt, er schulde nur 500. Wenn A sich damit nicht abfindet, dann soll B ihn verklagen (und wird Recht bekommen). Wenn aber A seine Forderung durch eine Klage durchsetzen will, soll B ihn in Schuldhaft abführen dürfen.

54 P. Rupilius (Konsul 132) beendete den sizilischen Sklavenkrieg und ordnete mit einer Senatskommission in dem nach ihm benannten Provinzstatut die rechtlichen Verhältnisse in Sizilien.

55 Der *conventus civium Romanorum* ist die Vereinigung aller in einer Provinzstadt wohnenden römischen Bürger.

56 Die *lex Hieronica* ist ein von Hieron (269–214 König von Syrakus) erlassenes Gesetz über das Getreidewesen, besonders über die Abgabepflicht. Das Gesetz wurde von den Römern beibehalten und auf ganz Sizilien ausgedehnt. Aufgrund dieses Gesetzes war von der Landwirtschaft als Ertragssteuer der Bodenzehnte abzuführen, dessen Eintreibung an Ort und Stelle römischen oder einheimischen Zehntpächtern (*decumani*) oblag.

57 Nach Cicero war es nicht die Absicht des Verres, ein falsches Urteil zu verhindern und die Richter zur Gerechtigkeit zu erziehen, sondern sie zu zwingen, gegen ihr Gewissen ein Urteil zu fällen, das seinen Wünschen entsprach.

58 *Negotiatores* waren wohl römische Geschäftsleute, die sich nur vorübergehend in der Provinz aufhielten. Zu *consensus* vgl. Anm. 55.

59 Die Marceller waren die Schutzherren ganz Siziliens; vgl. 2,2,10. Vornehme Sizilier hatten daneben noch andere Schutzherren.

60 Es war üblich, im Testament Legate für Freunde und öffentliche Anstalten auszusetzen.

61 Q. Arrius (Prätor 73) konnte die Statthalterschaft in Sizilien nicht antreten, da er im Krieg gegen Spartakus gebraucht wurde; er fiel in diesem Kriege.

62 *Aequo iure* d. h. nach dem Recht, das für beide Parteien gilt: nach syrakusanischem Recht. Heraclius meint also wohl, das Gericht solle aus Syrakusanern bestehen.

63 Die Gegner meinten, daß es sich um die Klage einer Gemeinde gegen einen Privatmann handele; deshalb müßten Richter aus dem Gemeinderat einer benachbarten Stadt berufen werden.

64 Ciceros Darstellung ist juristisch etwas verwirrend; denn auf die *lex Rupilia* berufen sich offensichtlich beide Parteien. Vgl. die Kritik des Falles bei Holm, Geschichte Siziliens, Bd. 3, S. 411–414.

65 Vgl. 2,1,103ff.

66 Zu Recht; denn bei einem Prozeß eines Privatmannes mit einer Gemeinde war bei Nichteinigung der Parteien die Einsetzung des Rates einer neutralen Gemeinde vorgesehen. Vgl. 2,2,32.

67 Verres verfuhr vermutlich nach der Bestimmung »in allen anderen Fällen pflegt man Richter vorzuschlagen, die aus dem Verband der römischen Bürger ausgewählt sind«. Vgl. 2,2,32.

68 D. h. vor vier Uhr nachmittags.

69 Sc. des Klägers.
70 Sinn: Gemeinsam mit Verres werden sie zur Bezahlung der bei der *litis aestimatio* festgesetzten Entschädigungssumme herangezogen werden.
71 Eigentümer wird Heraclius erst mit dem Tode des Erblassers durch das Testament.
72 Die korinthischen Gefäße waren wegen ihres Materials, aus dem sie hergestellt waren, besonders kostbar und begehrt. Das Material war eine Legierung aus Gold, Silber und Kupfer.
73 Die Leute aus Verres' Stab konnten jeden bei der Versteigerung überbieten, da sie nicht zu zahlen brauchten.
74 Gemeint sind mit diesen Syrakusanern die *auctionatores* (Auktionare).
75 D. h. seinen Schwiegersohn, der sonst nicht weiter bekannt ist. Vgl. 2,2,49.
76 Vgl. 2,4,115ff.
77 Dem Eroberer von Syrakus. Vgl. 2,2,4.
78 Kleomenes und Aischrion. Vgl. 2,2,36; 2,3,77; 2,5,31.81f.
79 C. Claudius Marcellus (Prätor 80) hatte im Jahre 79 Sizilien verwaltet.
80 Die Marceller waren die Schutzherren Siziliens. Vgl. 2,2,10.
81 Mithridates VI., König von Pontos, besetzte in seinem ersten Krieg gegen die Römer (89–85) die Provinz Asien und ließ alle Italiker, die sich dort aufhielten, an einem Tage ermorden.
82 Q. Mucius Scaevola (Pontifex Maximus, Konsul 95) verwaltete die Provinz Asien vorbildlich (97); ihm zu Ehren wurde das Fest gestiftet. Vgl. 2,2,27.34 und die *Rede gegen Caecilius* 57.
83 Ein Spiel mit dem Namen des Verres (*verres* »du wirst auskehren«). Vgl. 2,2,18f.
84 Etwa 10 km nordwestlich von Syrakus.
85 Die griechischen Ringer rieben sich vor dem Wettkampf mit Öl ein. Der lateinische Text enthält ein Wortspiel: *unctus* heißt wörtlich »gesalbt«, »eingeölt«, aber auch »fett«, »reich«.
86 Griechische Stadt an der Meerenge von Messina (heute Reggio).
87 D. h. er veranlaßt – wie bei Heraclius – zum Schein die Rückzahlung des Betrages, den er sich angeeignet hatte. Vgl. 2,2,48f.
88 Vgl. 2,2,33f.
89 Der Prozeßbevollmächtigte mußte im allgemeinen Sicherheit dafür leisten, daß der Vertretene den Ausgang des Prozesses anerkennen werde.
90 Von den Bidinern, die den Prozeß gegen Epikrates betrieben.

91 Vgl. 2,2,138f.
92 Vgl. 2,3,44ff.121ff.
93 Über die verwandtschaftliche Beziehung von Verres und Metellus ist nichts bekannt. Vgl. 2,2,138; 2,3,153.
94 Die Vollmacht des Gerichtsvorsitzenden Glabrio gab neben dem Erpressungsgesetz Cicero die Befugnis, die notwendigen Ermittlungen durchzuführen und Beweise zu beschaffen.
95 Stadt etwa 30 km südwestlich des Ätna (heute Centuripe).
96 Verres veranlaßte offenbar den Kläger, seine Forderung auf das Vierfache zu erhöhen und die Streitfrage einem Schiedsrichter zu übertragen. Jede Partei verpflichtete sich in einem solchen Schiedsvertrag (*compromissum*), sich dem Spruch des Schiedsmannes zu unterwerfen; wer sich diesem Spruch nicht unterwarf, mußte die vereinbarte Summe zahlen.
97 Stadt im Inneren Siziliens, etwa 35 km östlich von Lilybaeum.
98 Dem Amtsvorgänger des Verres. Vgl. 2,2,21.
99 Das ist der Zusammenschluß der römischen Bürger in Syrakus. Vgl. 2,2,32. Der Beirat hatte nur eine beratende Stimme; doch konnte sich der Statthalter nicht ohne weiteres über dessen Meinung hinwegsetzen, wenn ihm an seinem Rufe gelegen war.
100 Petilius war gleichzeitig Einzelrichter in einem Privatprozeß. Verres ordnete an, Petilius solle sofort seines Amtes walten, um ihn zu entfernen.
101 D. h. diejenigen, die Petilius nicht in seinen Beirat berufen hatte.
102 An den Angeklagten gerichtet, der sich nun selbst verteidigen soll.
103 Mit dem Rufe »*dixerunt*« gab der Ausrufer auf Anordnung der Richter das Ende der Zeugenvernehmung und damit der Verhandlung bekannt. Danach erfolgte das Urteil.
104 In diesem Monat pflegte der Senat die Gesandtschaften ausländischer und von Rom abhängiger Staaten zu empfangen. Hier bot sich für käufliche Senatoren die Möglichkeit, Bestechungsgelder zu erhalten. Vgl. 2,1,90.
105 Die kretischen Piraten hatten M. Antonius Creticus (vgl. 2,2,8) besiegt und ihn zum Abschluß eines ungünstigen Friedens gezwungen. Der Senat lehnte den Vertrag ab. Q. Caecilius Metellus Creticus unterwarf die Insel (68–66).
106 Der Senat beriet damals, ob Byzanz wieder die Autonomie erhalten sollte.
107 Ptolemaios XII. Auletes, der seit 80 über Ägypten herrschte, wurde erst im Jahre 59 von den Römern anerkannt.

108 Hortensius. Vgl. 1,35.
109 Zwei Richter in dem Prozeß gegen Oppianicus (74); sie hatten sich angeblich von beiden Parteien bestechen lassen. Sie wurden verurteilt, die Bestechungsgelder herauszugeben. Vgl. 1,39.
110 Die Richter gliederten sich in Abteilungen (*decuriae*). Seit dem Jahre 70 gab es drei Richterdekurien. Die Namen der Personen, die als Richter in Frage kamen, wurden in einer Liste (*album iudicum*) veröffentlicht.
111 Vgl. die *Rede gegen Caecilius* 24.
112 Stadt an der Nordküste Siziliens (heute Termini-Imerese).
113 Die Gefäße aus Delos und Korinth, die aus verschiedenen Legierungen hergestellt wurden, waren wegen ihrer künstlerischen Arbeit sehr geschätzt. Vgl. 2,2,46.
114 Der jüngere Scipio, der Eroberer Karthagos. Vgl. 2,2,3.
115 Im Jahre 409; die Stadt wurde völlig zerstört und nie wiederaufgebaut; sie lag östlich von Thermai.
116 Griechischer Chorlyriker (um 600), Bürger von Himera. Von seinen Gedichten sind nur spärliche Reste erhalten.
117 Diese Bemerkung zeigt, daß Cicero vorsichtig ist, in der Öffentlichkeit ein Verständnis für Kunst zuzugeben. Denn etwas von Kunst zu verstehen, galt in weiten Kreisen Roms als unrömisch. Vgl. 2,4,4.
118 Zu *societatis*: Thermai gehörte nicht zu den durch ein beschworenes Bündnis (*foedus*) mit Rom verbundenen Staaten (*civitates foederatae*), sondern war ein zehntpflichtiger Staat (*civitas decumana*).
119 Im 4. Buch.
120 Mit *emigrare* »ausziehen« verbindet sich die Vorstellung, daß man die Einrichtung mitnimmt; diesen »Auszug« hatte Verres schon vorher besorgt, indem er Sthenius alles Wertvolle weggenommen hatte.
121 Etwa 15 Uhr.
122 Kallidama.
123 Sklaven des Venustempels auf dem Eryx, von Verres als Amtsdiener verwendet. Vgl. 2,2,21f. und die *Rede gegen Caecilius* 55.
124 Nach 21 Uhr.
125 Offenbar haben die Freunde des Sthenius die Summe sofort bezahlt, um eine Zwangsversteigerung seines Eigentums zu verhindern.
126 Die Konsuln des Jahres 72.
127 Da die Redezeit nicht beschränkt war und nach Sonnenunter-

gang keine Senatsbeschlüsse mehr gefaßt werden durften, konnten redefreudige Senatoren die Beschlußfassung hinausschieben. Das war in der Herbstzeit um so leichter, da die Tage kürzer waren.

128 Stadt im Lande der Bruttier, am *Libonensis sinus* (heute Golf von Sant' Eufemia) gelegen.

129 Stadt in Lukanien, etwa 35 km südöstlich von Paestum.

130 Auf der Rückreise von Sizilien.

131 Reste aus dem Heere des Spartakus.

132 Vgl. 1,3.

133 M. Lollius Palicanus, Volkstribun 71.

134 Ein Wortspiel (*vertit stilum – evertit*): *stilum vertere* »den Griffel umkehren«, um mit dem hinteren, flachen Ende den Wachsüberzug der Schreibtafel zu glätten und das Geschriebene auszustreichen. Durch die Fälschung gab Verres die Rechtswidrigkeit seines Verhaltens zu und verschlimmerte dadurch seine Lage.

135 Des bekannten Pompeius. Ihm verdankte der Zeuge Theodorus das römische Bürgerrecht; er führte daher den Namen seines Gönners.

136 Stadt an der Nordküste Siziliens.

137 Vgl. 2,2,10.146ff.156.

138 Cn. Cornelius Lentulus Marcellinus (Konsul 56) war von Hause aus ein Marceller und gehörte damit zu den Schutzherren Siziliens.

139 Aufforderung an einen Gerichtsschreiber.

140 Die Palatinische Tribus ist einer der stadtrömischen Verwaltungsbezirke. Da Cicero zu dem Namen den Bezirk angibt, muß dieser Claudius eine unbekannte Person sein.

141 Vgl. 2,3,22ff.130ff.

142 Er war in Kilikien Vorgesetzter des Verres. Nach seiner kilikischen Statthalterschaft (80–79) wurde er wegen Erpressungen angeklagt und verurteilt. Vgl. 2,1,95ff.

143 Die Hauptstadt der östlichen Lokris, der mittelgriechischen Landschaft nördlich von Böotien.

144 Philodamus war zwar noch in der Heimat, durfte aber als bereits ernannter Gesandter nicht angeklagt werden. Was er mit der Verurteilung des Dolabella zu tun hatte, ist nicht bekannt.

145 Der bekannte Sieger über die Kimbern und Teutonen und Gegner Sullas; er starb 86.

146 Prätor 80 und Statthalter von Sizilien 79. Er war Mitglied der

über Verres zu Gericht sitzenden Strafkammer. Vgl. 2,2,8.51 und 2,4,90.

147 Prätor 78.

148 Im Jahre 82. Nach seinem Siege über die populare Bewegung des Marius und Cinna hatte Sulla Pompeius beauftragt, die Marianer in Sizilien und Afrika niederzuwerfen.

149 Vgl. 2,2,52.

150 Vgl. 2,2,168. Ein *commune Siciliae* im Sinne einer föderativen Organisation aller sizilischen Städte wird sonst nie erwähnt. Einen solchen sizilischen Bund hat es wohl vor der Kaiserzeit nicht gegeben. Hier handelt es sich wohl nur um eine gemeinsame Stiftung aller sizilischen Städte. Vgl. Holm, Geschichte Siziliens, Bd. 3, S. 381.

151 Beißende Ironie. Vgl. 2,2,154.

152 Vgl. 2,2,13.

153 Vgl. 2,2,21.93.

154 Der Mätresse des Verres. Vgl. 2,1,104.

155 Vgl. 2,2,1.

156 Vgl. die *Rede gegen Caecilius* 67.

157 Vgl. 2,1,125ff.

158 Vgl. 2,2,66.

159 Vgl. 2,2,19.

160 Stadt an der Ostküste Siziliens (heute Catania).

161 Cicero denkt an das Rupilische Gesetz. Vgl. 2,2,32.40.

162 L. Licinius Crassus, der berühmte Redner, und Q. Mucius Scaevola (Pontifex Maximus) waren im Jahre 95 Konsuln.

163 Prätor 95, Konsul 92.

164 Die Marceller, die Schutzherren Siziliens, waren ein wichtiger Zweig der gens Claudia.

165 Der ältere Africanus (Konsul 205 und 194); die Gesetze für Agrigent stammten aus dem Jahre 205.

166 Agrigent wurde im Zweiten Punischen Krieg hart mitgenommen und verlor einen Teil seiner Bürger. Deshalb siedelte C. Mamilius (nicht T. Manlius) im Jahre 207 dort neue Bürger an.

167 Stadt an der Südküste Siziliens (heute Eraclea Minoa).

168 Stadt an der Nordküste Siziliens (heute Cefalu).

169 Die Griechen hatten ein lunisolares Jahr (Verbindung des 12- oder 13-monatlichen Mondumlaufs mit dem Sonnenjahr). Um Mondjahr und Sonnenjahr miteinander auszugleichen, mußten häufig Schaltungen vorgenommen werden.

170 Wiedergabe des griechischen Ausdruckes »ἐξαιρεσίμους«.

171 Zwischen den römischen Spielen (5.–19. September) und den Spielen der Viktoria (16. Oktober – 1. November). Vgl. 1,31. Der für Gerichtsverhandlungen noch freie Raum beträgt also in Wirklichkeit nur fünfunddreißig Tage. Cicero macht daraus fünfundvierzig Tage, um eine Analogie zu der Manipulation in Kephaloidion herzustellen.

172 Es handelt sich um die an die Heimatgemeinde zu zahlenden Steuern.

173 Der Anführer der aufständischen Sklaven im zweiten sizilischen Sklavenaufstand (104–101).

174 Die Statthalter ließen sich in ihren Provinzen gern Ehrenstatuen errichten, um zu zeigen, daß sie sich um ihre Untertanen verdient gemacht hatten. Das dafür bereitgestellte Geld mußte innerhalb von fünf Jahren für diesen Zweck ausgegeben werden, sonst fiel es unter das Erpressungsgesetz. Vgl. 2,2,142.

175 D. h. als die Beamten der sizilischen Gemeinden, die dieselben Aufgaben hatten, wie die römischen Ädilen.

176 Vgl. 2,2,64.

177 Indem er sich von den reichen Mitbürgern für einen niedrigen Steueransatz bezahlen ließ. Zu Sex. Paducaeus vgl. 2,1,18. Er war 75 Statthalter in Sizilien und damit der zweite Amtsvorgänger des Verres.

178 Vgl. 2,2,12.64f.156.

179 Vgl. 2,2,63.

180 Vgl. 2,2,63.

181 Vgl. 2,4,37. Drepanon: Hafenort an der Nordwestspitze Siziliens (heute Trapani).

182 Weil man in den engen Straßen an der Räuberfigur nicht vorbeikommt, ohne ausgeplündert zu werden.

183 Vgl. 2,2,114.154.168.

184 Vgl. 2,2,10.103.156.

185 Vgl. 2,3,14ff.

186 Vgl. die *Rede gegen Caecilius* 30 und 2,3,188ff. Die Sizilier fordern, die römischen Beamten anzuweisen, die Lieferungen für ihren Vorratskeller in natura anzunehmen und nicht einen Geldwert für diese anzusetzen und zu verlangen.

187 Cicero redet hier die Anwälte des Verres an.

188 Hinweis auf Buch 3.

189 Am Südrande des Marsfeldes, in der Nähe des Circus Flaminius.

190 Soter bedeutet »Retter«, im N.T. »Heiland«. Ursprünglich ist es

ein Kultbeiname für Götter; später wurden auch große Menschen und vor allem Herrscher so genannt.

191 Vgl. 2,2,51f.

192 Die verurteilten Statthalter sind nicht bekannt. Zu den freigesprochenen gehört M. Aemilius Lepidus (Konsul 78), der im Jahre 80 Statthalter in Sizilien war. Vgl. Ciceros Anspielung 2,2,8 und die namentliche Erwähnung 2,3,212.

193 Vgl. 2,2,12.64f.139.

194 Vgl. 2,2,11f.

195 Vgl. 2,2,19.

196 Vgl. 2,2,120.

197 Stadt an der Nordküste Siziliens, etwa 50 km westlich von Messina.

198 Stadt in der Mitte Siziliens (heute Enna).

199 Stadt im Inneren Siziliens.

200 Vgl. 2,2,25.

201 Stadt etwa 30 km südwestlich von Syrakus.

202 Stadt im Nordwesten der Insel.

203 Vgl. 2,2,9.

204 Am Anfang des ersten Krieges, den die Römer und die mit ihnen verbündeten Rhodier gegen Mithridates VI. (89–85) führten. Vgl. 2,2,51.

205 Während seiner Bildungsreise nach Athen und Kleinasien (79–77).

206 Tauromenion: das heutige Taormina. Es gehörte zu den *civitates foederatae*, den mit Rom verbündeten und verhältnismäßig freien Staaten. Vgl. 2,3,13 und 2,5,49f.

207 Stadt im Osten Siziliens, nordwestlich von Syrakus (heute Lentini).

208 Dieser ägyptische Gott wurde in hellenistischer Zeit in vielen griechischen Städten verehrt.

209 Es handelt sich um Beamte der Gemeinde Centuripae. Sie hatten dieselben Aufgaben wie die Quästoren in Rom.

210 Es handelt sich um die Vorsteher des Gemeinderates; vgl. die *Rede für Sex. Roscius* 25.

211 Diese Gemeinden und Panormos hatten den Status von *civitates sine foedere immunes atque liberae*, d. h. sie genossen Abgaben- und Steuerfreiheit, hatten aber keinen offiziellen Vertrag (*foedus*) mit Rom wie die *civitates foederatae* (z. B. Messana). Zu Halikyai vgl. 2,2,68.

212 Der römische Staat zog die Steuern nicht selbst ein, sondern

verpachtete sie. Die Steuerpächter (*publicani*) schlossen sich zu Gesellschaften (*societates publicanorum*) zusammen, die über viele Hilfskräfte verfügten.

213 Das Weidegeld wurde für das Vieh erhoben, das auf öffentlichen Weiden weidete.

214 Nicht ordnungsgemäß verbuchte Gelder. Vgl. 2,1,100.

215 Als Zollaufseher. Vgl. 2,2,176.182ff.

216 Die Geschäftsführer (*magistri societatis*) waren für die Buchführung und das Rechnungswesen verantwortlich. Vgl. 2,2,182.

217 Der Antragsteller war Lucius Aurelius Cotta (Prätor 70). Zu seinem Gesetzesvorschlag vgl. 2,3,223; 2,5,177f. Zur Lage der senatorischen Gerichte vgl. die *Rede gegen Caecilius* 8; 1,43ff. und 2,1,22f.

218 *Promulgare*: ein Gesetz mindestens 24 Tage (*trinundinum*) vor der Abstimmung durch öffentlichen Aushang auf geweißten Tafeln bekanntgeben.

219 Feiner Stoff aus Melita (heute Malta).

220 Vgl. 2,2,46.83.

221 Vgl. 2,2,10 und die *Rede gegen Caecilius* 1ff.

222 Cicero hatte wohl gehofft, er werde Schriftstücke finden, aus denen sich ergebe, daß Verres den Steuerpächtern unrechtmäßige Vergünstigungen zugestanden habe (Fuhrmann).

223 Eine Amphore = etwa 26 l.

224 Vgl. 2,4,17.21ff.150; 2,5,59.

225 Der Vater des Verres hieß ebenfalls Gaius.

226 Vgl. 2,2,32.70.

227 Ein unübersetzbares Wortspiel: *cauda verrina* bedeutet »Eberschwanz« und »Schweif des Verres«.

228 L. Licinius Crassus (140–91) und M. Antonius (143–87) waren die angesehensten Redner ihrer Zeit. Vgl. die *Rede gegen Caecilius* 25.

229 Ein Hieb gegen Hortensius. Er war dem Verres verpflichtet, da dieser ihm Kunstwerke geschenkt hatte. Vgl. die Anspielungen 2,1,54 und 58.

Zum Text

Der lateinische Text folgt der Ausgabe von G. Peterson, *M. Tulli Ciceronis Orationes*, Bd. 3, Oxford: Clarendon Press, 1907, ^{2}1917 (Repr. 1930 [u. ö.], zuletzt 1978). An folgenden Stellen liegt der Übersetzung eine andere Lesart zugrunde.

	Peterson	*Reclam*
5	nos	eos
16	plurimis maximisque	plurimos maximis
18	certissima	certissimum
22	hunc hominem	per hunc hominem
50	statua	statua ex aere facta
62	cum L. Metellus	quoad L. Metellus
64	multos	multos testis
70	videret	videret quid sibi esset faciendum
86	et se patrum	hi se patrum
102	virtute ornatissimus	virtute
121	apud istum	apud istum idoneos
137	si homines generatim	generatim homines
167	aratores	aratores, utrum negotiatores
	orationem contemnendorum Sicilorum atque aratorum	orationem
183	Non erat	Non erant

Literaturhinweise

Ausgaben und Übersetzungen

Fuhrmann, M. (Hrsg.): M. Tullius Cicero. Sämtliche Reden. Bd. 3. Zürich/Stuttgart: Artemis, 1971.

Greenwood, L. H. G.: Cicero. The Verrine Orations. 2 Bde. Cambridge (Mass.): Harvard University Press, 1928. Repr. 1948 [u. ö.]. [Mit engl. Übers.]

Klotz, A. (Hrsg.): M. Tulli Ciceronis scripta quae manserunt omnia. Fasc. 12. Leipzig: B. G. Teubner, 1923.

La Ville de Mirmont, H. de: Cicéron Discours. T. 3. Paris: Les belles lettres, 1960. [Mit frz. Übers.]

Peterson, G. (Hrsg.): M. Tulli Ciceronis Orationes. Bd. 3. Oxford: Clarendon Press, 1907, [2]1917. Repr. 1930 [u. ö.].

Sekundärliteratur

Albrecht, M. v.: M. Tullius Cicero. Sprache und Stil. In: Paulys Realencyclopädie der classischen Altertumswissenschaft. Suppl.-Bd. 13. Stuttgart 1973. Sp. 1238–1347.

– Cicero's Style. A Synopsis followed by Selected Analytic Studies. Leiden/Boston/Köln 2003. (Mnemosyne. Supplementum 245.)

Bartošek, Milan: Verrinae. Prag 1977.

Berger, D.: Cicero als Erzähler. Frankfurt a. M. / Bern / Las Vegas 1978.

Büchner, K.: Cicero. Heidelberg 1964.

Clarke, M. L.: Die Rhetorik bei den Römern. Göttingen 1968.

Classen, C. J.: Recht – Rhetorik – Politik. Untersuchungen zu Ciceros rhetorischer Strategie. Darmstadt 1985.

Drumann, W. / Groebe, P.: Geschichte Roms. Bd. 5,2. Leipzig 1919. S. 277–349.

Eisenhut, W.: Einführung in die antike Rhetorik und ihre Geschichte. Darmstadt 1977.

Everitt, A.: Cicero. Ein turbulentes Leben. Aus dem Engl. von Kurt Neff. Köln 2003.

Fuhrmann, M.: Cicero und die römische Republik. München/Zürich 1989.

Fuhrmann, M.: Narrative Techniken in Ciceros Zweiter Rede gegen Verres. In: Der altsprachliche Unterricht 23,3 (1980) S. 5–17.
Gelzer, M.: M. Tullius Cicero als Politiker. In: Paulys Realencyclopädie der classischen Altertumswissenschaft Bd. 7 A 1. Stuttgart 1939. Sp. 827–1091. [Auch als Sonderdr. ersch.]
Gelzer, M.: Cicero. Wiesbaden 1968.
Giebel, M.: Cicero. Reinbek 1977 [u. ö.]. (Rowohlts Bildmonographien. 261.)
Grimal, P.: Cicero. Philosoph – Politiker – Rhetor. München 1988.
Habermehl, H.: C. Verres. In: Paulys Realencyclopädie der classischen Altertumswissenschaft. Bd. 8 A 2. Stuttgart 1958. Sp. 1561–1633.
Habicht, Chr.: Cicero als Politiker. München 1990.
Holm, A.: Geschichte Siziliens im Altertum. Bd. 3. Leipzig 1898.
May, J. M. (Hrsg.): Brill's Companion to Cicero. Oratory and Rhetoric. Leiden/Boston/Köln 2002.
Neumeister, C.: Grundsätze der forensischen Rhetorik gezeigt an Gerichtsreden Ciceros. München 1964.
Plasberg, O.: Cicero in seinen Werken und Briefen. Leipzig 1926. Nachdr. Darmstadt 1962.
Powell, J. / Paterson, J. (Hrsg.): Cicero, the Advocate. Oxford 2004.
Seel, O.: Cicero. Stuttgart 1953.
Steel, C. E. W.: Cicero, Rhetoric, and Empire. Oxford 2001.
Stevenson, D.: Roman Provincial Administration till the Age of the Antonines. Oxford 1971.
Stockton, G. H.: Cicero. Oxford 1971.
Stroh, W.: Taxis und Taktik. Die advokatorische Dispositionskunst in Ciceros Gerichtsreden. Stuttgart 1975.
Zielinski, Th.: Verrina – Chronologisches, Antiquarisches, Juristisches. In: Philologus 52 (1893) S. 248–294.

Nachwort

Das Erste Buch der Zweiten Rede schildert (und damit folgt Cicero der üblichen Gerichtspraxis) das Vorleben des Angeklagten: es bietet aber nicht eine beliebige Vorgeschichte, sondern behandelt Vorgänge, die zwar strenggenommen nicht zum eigentlichen Repetundenprozeß gehören, aber bereits die Methoden zeigen, die Verres während seiner sizilischen Statthalterschaft ausgebaut und zu einem raffiniert gehandhabten System der Ausbeutung entwickelt hat. Da ist die Rede vom Mißbrauch der richterlichen Gewalt (2,1,103ff.): dies ist das Hauptthema des zweiten Buches. Ein Abschnitt (2,1,95f.) schildert die Erpressungen im Bereich der Naturalabgaben: dieses Thema beherrscht das ganze dritte Buch. Es finden sich Beispiele für die Kunstleidenschaft des Verres (2,1,46ff.): von ihr handelt das vierte Buch. Die Episode vom Verkauf des milesischen Schiffes (2,1,86ff.) weist auf das fünfte Buch hin, das die Art und Weise schildert, wie Verres mit der öffentlichen Sicherheit umging.
Das erste Buch beschreibt vielerlei Delikte auf verschiedenen Schauplätzen; die Bücher 2 bis 5 stellen jeweils ein Thema in den Vordergrund und haben alle denselben Ort der Handlung: Sizilien.
Sizilien blickte bereits auf eine wechselvolle Geschichte zurück, als es unter die Herrschaft der Römer kam. Dank seiner Fruchtbarkeit und günstigen Lage war es immer wieder das Ziel von Einwanderern und Eroberern. Als die ältesten Bewohner galten die Sikaner, die aus der iberischen Halbinsel kamen; sie wurden von den aus Italien einwandernden Sikulern in den Westen der Insel abgedrängt. In der zweiten Hälfte des 8. Jahrhunderts setzte die griechische Kolonisation ein; an den Küsten, besonders im Osten und Süden, entstand eine Fülle von Städten, die im Laufe der Zeit zu großer kultureller Blüte gelangten. Gegen Ende des 2. Jahrtausends hatten auch die Phönizier in der Nähe der Kaps und auf den vorgelagerten Inseln Handelsniederlassungen errich-

tet. Vor den griechischen Kolonisten zogen sie sich auf ihre drei Festungen Motya, Solus und Panormos zurück; der Westen der Insel wurde karthagischer Besitz.[1]

Im 5. Jahrhundert versuchten die Karthager als Verbündete des Xerxes, der das griechische Mutterland angriff, zum ersten Mal die Griechen aus Sizilien zu vertreiben und sich der ganzen Insel zu bemächtigen. Die Griechen konnten unter der Führung von Syrakus den Angriff abwehren und besiegten die Karthager in der Schlacht bei Himera (480). Fortan bis zum Beginn des 3. Jahrhunderts wurde das Geschehen auf der Insel von dem karthagisch-griechischen Gegensatz, aber auch von innergriechischen Streitigkeiten bestimmt.

Um 270 kam es zum Streit zwischen Syrakus und Messana. In seiner Bedrängnis bat Messana die Karthager und die Römer um Hilfe. Die Karthager reagierten sofort und legten eine Besatzung in die Burg der Stadt. Da entschieden sich auch die Römer nach einigem Zögern zu einem Eingreifen in Sizilien, weil sie die Machtverschiebung an ihrer Südgrenze als bedrohlich empfanden. Das führte zum ersten punischen Krieg (264–241), der mit dem Siege Roms endete. Die Karthager mußten Sizilien räumen; die Insel kam in römischen Besitz; nur Syrakus blieb unabhängig, da es sich schon im zweiten Kriegsjahr auf die Seite Roms geschlagen hatte. Im zweiten punischen Kriege (218–201) verlor auch Syrakus seine Unabhängigkeit, da es sich den Karthagern angeschlossen hatte; nach zweijähriger Belagerung wurde es von M. Claudius Marcellus erobert (212). Damit war ganz Sizilien unter die Herrschaft Roms gekommen.

Sizilien war die älteste römische Provinz.[2] An der Spitze stand der Statthalter, der gewöhnlich nur für ein Jahr bestellt war[3]: zunächst ein Prätor, seit Sulla ein Proprätor. Zu seiner

1 Die klassische Darstellung der Besiedlung Siziliens steht bei Thukydides 6,2–5.

2 Vgl. 2,2,2; 2,3,64.

3 Verres übte sein Amt drei Jahre (73–71) aus, weil der vorgesehene Nachfolger Q. Arrius (Prätor 73) infolge des Krieges gegen Spartakus in Italien festgehalten wurde. Vgl. 2,2,37.

Unterstützung waren ihm zwei Quästoren beigegeben, die ihren Sitz in Lilybaeum und in Syrakus hatten. Letzteres war auch der bevorzugte Wohnsitz des Statthalters.[4] Einen ständigen Amtssitz mit einem Behördenapparat hatte der Statthalter nicht, sondern er pflegte – namentlich im Sommer – seine Provinz zu bereisen und dort Aufenthalt zu nehmen, wo es erforderlich war.[5] Die Gemeinden hatten Quartier und Bewirtung für ihn und sein Gefolge (*cohors praetoria*) zu stellen, soweit sie nicht davon befreit waren.

Die Bedeutung Siziliens für die Römer lag einmal in seiner für die Beherrschung des westlichen Mittelmeerraumes günstigen Lage, zum anderen in seiner Fruchtbarkeit. Die Getreidelieferungen dieser »Vorratskammer der res publica und Ernährerin des römischen Volkes«, wie der alte Cato die Insel zu bezeichnen pflegte,[6] versorgten zum größten Teil die hauptstädtische Bevölkerung mit billigem Brotgetreide.[7] So war der Statthalter nicht nur für Ordnung und Sicherheit, sondern auch für die Kornzufuhr Roms verantwortlich; außerdem führte er auch die Oberaufsicht über die Rechtsprechung. In die inneren Angelegenheiten pflegte er sich in der Regel jedoch nicht einzumischen, außer wenn eine Störung der Ruhe und Ordnung es ihm geboten erscheinen ließ.[8]

Die Gemeinden verwalteten sich selbst. Die oberste Behörde war der Rat (*bulé, senatus*), in dem die fünf oder zehn ersten Ratsherren den bestimmenden Einfluß ausübten.[9] Die Mitglieder des Rates wurden von den Bürgern nach bestimmten Gesetzen gewählt,[10] ebenso zwei Zensoren, die alle fünf Jahre eine Vermögensschätzung durchführten.[11] In manchen Städten wählte das Volk auch nach feststehenden Gesetzen

4 Vgl. 2,4,118; 2,5,30.
5 Vgl. 2,2,63.83 ff.; 2,4,18; 2,5,80.
6 Vgl. 2,2,5.
7 Vgl. 2,3,11.
8 Vgl. 2,2,162.
9 Vgl. 2,2,162; 2,3,68.
10 Vgl. 2,2,120f.122–125.
11 Vgl. 2,2,131.137ff.

die Priester.[12] Ebenso beließ auch das Rupilische Gesetz (*lex Rupilia*[13]) das lokale sizilianische Recht für Sizilianer in Geltung.[14]

Provincia bezeichnet ursprünglich sachlich und räumlich den Amtsbereich eines Magistrates, erst nach der Eroberung Siziliens kam *provincia* auch zu der Bedeutung eines abgegrenzten außeritalischen Untertanengebietes, das von einem Statthalter mit Imperium verwaltet wurde. Wenn die Römer Sizilien als Provinz bezeichneten, so müssen wir alle Vorstellungen fernhalten, die wir mit diesem Begriff verbinden: Sizilien und die anderen römischen Provinzen waren keine einheitlichen Gebiete, die nach einheitlichen Gesichtspunkten verwaltet wurden; sie setzten sich vielmehr mosaikartig aus vielen Gemeindestaaten zusammen, die in einem unterschiedlichen Abhängigkeitsverhältnis von Rom standen.

In Sizilien gab es einmal die *civitates foederatae*, die durch einen Vertrag mit Rom verbündet waren. Sie waren im Inneren völlig autonom; der Statthalter durfte sich dort nicht in die Verwaltung und Rechtsprechung einmischen. Auch zahlten sie keine Abgaben an Rom, waren jedoch teilweise verpflichtet, Kriegsmaterial oder Matrosen zu stellen. Diese Stellung genossen 3 Gemeinden: Messana, Tauromenium und Neetum.[15] In einem ähnlichen Verhältnis standen die 5 civitates sine foedere immunes atque liberae: Centuripa, Halaesa, Segesta, Halicyai, Panormos.[16] Sie waren frei von Abgaben, ihre Autonomie und Immunität beruhte jedoch auf keinem Vertrag, sondern stand im Belieben Roms und konnte jederzeit durch ein neues Gesetz oder einen Senatsbeschluß aufgehoben werden. Alle übrigen sizilischen Gemeinden

12 Vgl. 2,2,126ff.

13 So genannt nach dem Prokonsul P. Rupilius, der nach dem ersten Sklavenkrieg im Jahre 131 unter Mitwirkung einer Senatskommission die Verhältnisse in Sizilien ordnete. Das Rupilische Gesetz übernahm auch die grundsätzlichen Bestimmungen des von Hieron II. (241–216 Herrscher von Syrakus) erlassenen Gesetzes (*lex Hieronica*).

14 Vgl. 2,2,32.90.

15 Vgl. 2,2,160; 2,3,13; 2,5,49.56.133.

16 Vgl. 2,3,13.91.92.

waren Rom untertan, behielten aber ihre örtliche Selbstverwaltung und eigene Gerichtsbarkeit, doch konnte der Statthalter jederzeit in ihre Angelegenheiten eingreifen. Sie hatten zwar teils ihren Grund und Boden behalten, entrichteten dann aber den zehnten Teil ihrer landwirtschaftlichen Erträgnisse an Rom (*civitates decumanae*). Andere Gemeinden hatten ihr Grundeigentum eingebüßt, es war ihnen jedoch zur widerruflichen Nutzung zurückgegeben worden. Sie zahlten neben dem Zehnten noch einen jährlichen Bodenzins (*vectigal*). Dieser Bodenzins wurde von den Zensoren in Rom verpachtet (daher hießen diese Gemeinden *civitates censoriae*[17]), während die Zehntabgabe alljährlich in Syrakus an die Meistbietenden (*decumani* »Zehntpächter«) vergeben wurde.

Der Aufbau des zweiten Buches läßt sich mit wenigen Strichen nachzeichnen. Die Einleitung gliedert sich in zwei Teile. Im ersten Teil macht Cicero mit dem Schauplatz des Geschehens bekannt; er spricht von der Bedeutung Siziliens für die Wirtschaft und Versorgung Roms und von dem Fleiß, der Redlichkeit und Treue seiner Bewohner (1–7). Im zweiten Teil erklärt Cicero, warum er trotz aller Schwierigkeiten, die man ihm bereitet hat, und trotz seiner bisherigen Einstellung, lieber die Verteidigung als die Anklage vor Gericht zu vertreten, den Fall übernommen habe: die Anklage sei dringend im Interesse Siziliens und Roms, fast alle Bewohner der Insel, Einheimische und Römer, seien über die Untaten des Verres empört und wünschten seine Verurteilung (8–17). Im Hauptteil behandelt Cicero fünf Gebiete. Zuerst befaßt er sich mit den beiden Zweigen des Gerichtswesens: der Zivilrechtspflege, vor allem in Erbschaftssachen (17–67) und der Kriminaljustiz (68–118). In der zweiten Buchhälfte erörtert er drei Themen: den Schacher, den Verres mit Ratsherrenstellen, Priesterämtern und Zensorenstellen getrieben (118–136), und die Gelder, die er für Ehrenstatuen erpreßt habe (137–168), sowie schließlich sein Verhältnis zu den Steuerpächtern

17 Vgl. 2,3,13.

(169–191). Mit einem ironischen Schlußwort kritisiert er den Verteidiger Hortensius (191–192).

Fuhrmann weist in seiner Übersetzung darauf hin, daß das zweite Buch trotz aller rhetorischen Kunstfertigkeit etwas farblos und monoton wirkt, »daß den exemplarischen Vorkommnissen aus den Bereichen der Rechtspflege und der allgemeinen Verwaltung einiges von der Gleichförmigkeit gerichtlicher Akten anhaftet, daß es fast stets dieselben Manöver und Kunstgriffe waren, deren sich Verres bei seinen erpresserischen Unternehmungen bediente.« Doch darf man nicht verkennen, daß Cicero sich bemüht hat, die Gleichförmigkeit aufzulockern: erzählende Partien werden unterbrochen durch Argumentation und den Appell an die Richter, sich ihrer Verantwortung gegenüber Rom und den Verbündeten bewußt zu sein, die Schilderung gleichgearteter exemplarischer Fälle (z. B. 17–25 und 35–67), durch den Abschnitt 26–34, der über das Gefolge des Verres und die sizilische Gerichtsordnung berichtet.

Die Hauptperson ist mit kräftigen Strichen gezeichnet. Verres erscheint als ein teuflischer Verbrecher[18]: er ist genußsüchtig und habgierig, aber faul, plump und einfallslos;[19] er wird sofort wütend, wenn eine Sache nicht so klappt, wie er es sich gedacht hat.[20] Doch die Tatsachen, die Cicero berichtet, legen es eher nahe, Verres für einen raffinierten und genau planenden Ausbeuter zu halten, und die beinahe lustigen Einfälle, mit denen er Schwierigkeiten beim Ämterverkauf meistert (126–130), verraten eher eine gewisse Schlauheit.

Verres hat vielerlei Helfer um sich. Cicero entwirft ein im ganzen überzeugendes Bild von seinen Gefolgsleuten. Diejenigen, die auf ihre Ehre und auf ihren Ruf bedacht sind, verlassen ihn bald – so der eigene Schwiegersohn und alle

18 Cicero spricht von ihm meist mit dem verächtlichen *iste* oder *iste homo* (»dieser Kerl da«) und fügt Adjektiva hinzu wie *amentissimus*, *avarissimus*, *audacissimus*, *crudelissimus* u. a.

19 Vgl. 2,2,76.134.

20 Vgl. 2,2,48.73f.92.

Legaten.[21] Die niederen Dienstgrade, die Präfekten, Amtsboten, Schreiber, Ärzte, Opferschauer und Ausrufer sind bedenkenlose, stets auch auf den eigenen Vorteil bedachte Werkzeuge; Verres benutzt sie als Unterhändler, Ankläger, Richter oder sogar als »Verteidiger«.[22] Unter den Gefolgsleuten des Verres, die seine skrupellosen Pläne ausführen, zeichnen sich besonders Volcatius, immerhin ein römischer Ritter, ein gewisser Claudius und vor allem der freigelassene Timarchides durch seine Geriebenheit und seinen Einfallsreichtum aus.[23]

Die sizilischen Griechen lobt Cicero in den höchsten Tönen: sie seien fleißig, sparsam, redlich und den Römern treu ergeben.[24] Doch zu diesem Bild passen wenig die Tatsachen, die Cicero an vielen Stellen erwähnt. In der Heraclius-Affäre geben die Syrakusaner Kleomenes und Aischrion dem Verres entscheidende Hinweise für sein skrupelloses Vorgehen;[25] im Verlaufe der Darstellung dieser Affäre erfahren wir, daß die Behörden von Syrakus an der üblen Geschichte beteiligt sind.[26] Einheimische Feinde sind es, die Epikrates und Sopatros bei Verres denunzieren.[27] Als Verres von seinem langjährigen Gastfreund Sthenius nicht erhält, was er begehrt, findet er bei dessen Feinden mehr als gastliche Aufnahme und eine beinahe unbegrenzte Bereitschaft zu falschen Anschuldigungen.[28] Der Spürhund Timarchides verfügt über ein ganzes Heer von Spitzeln und Anklägern, mit deren Hilfe er jede sich bietende Gelegenheit zu gewinnbringenden Intrigen ausnützt.[29] Die von Verres geschaffene Möglichkeit, die Gemeindeämter für Geld zu erhalten, wird von den Siziliern

21 Vgl. 2,2,48f.
22 Vgl. 2,2,22.26ff.33f.75.107ff.
23 Vgl. 2,2,56ff.69f.107f.133ff.
24 Vgl. 2,2,7f.13 (*Heius nobilissimus*). 23 (*Chorus honestissimus. Dio probatissimus ac pudentissimus*). 83 (*Sthenius propter summam virtutem summamque nobilitatem notus*).
25 Vgl. 2,2,36.
26 Vgl. 2,2,43ff.
27 Vgl. 2,2,54ff.68.
28 Vgl. 2,2,89ff.
29 Vgl. 2,2,135.

rege genützt;[30] die sizilischen Zensoren, die ihren Posten käuflich erworben haben, bereichern sich durch die Ansetzung ungerechter Steuern, was besonders die ärmere Bevölkerung hart trifft.[31] Aus alledem geht hervor, daß Verres in Sizilien Verhältnisse vorfand, die ihm mehr Gelegenheit zu Übergriffen boten, als Cicero wahrhaben möchte. Es ist wohl auch kaum anzunehmen, daß Carpinatius der einzige Steuerpächter war, der sich zu seinem Vorteil und dem der Pachtgesellschaft mit Verres arrangierte.[32]

30 Vgl. 2,2,120ff.
31 Vgl. 2,2,131ff.
32 Vgl. 2,2,169ff.